写真　一之瀬ちひろ

手早く作れて、手抜きではない。
ひと工夫ある時短レシピです。

忙しい毎日のなかで、料理を作るわたしたち。
ときには気持ちがくじけて、出来合いのお惣菜に頼ったり、
外食したくなることもあるかもしれません。
そんなとき、シンプルな材料で手早く作れる
「十八番料理」がいくつかあれば、ずいぶんと心強く、
心も身体もほっと落ち着くことでしょう。
この本は、実力派の料理家10人に、自身が忙しい日に作る、
とっておきの料理ばかりを教えていただきました。
ただ早いだけではなく、誰にでも無理なくおいしく作れる、
「なるほど」の工夫に満ちた時短レシピです。
その大きな特長は、次の通りです。

有元葉子さん

〈1〉主材料は3つまで
材料の数が少なければ、買い物の負担も、調理の負担も減らせます。
さらに、遅い時間にスーパーに行っても買えそうな、
手に入りやすい材料で作れるレシピが中心です。

〈2〉かかる時間は5〜20分くらい
2、3品を並行して作って、30分ほどで献立がととのいます。
レシピそれぞれに、所要時間のめやすを記しています。

〈3〉家にある基本の調味料で
たとえば麺つゆなど、用途が限られる合わせ調味料は使っていません。
しょう油、みそ、みりんなどの基本の調味料で充分おいしい。
そんな、素材のうま味を生かした料理です。

コウケンテツさん

前沢リカさん

冷水希三子さん

脇 雅世さん
ワタナベマキさん
川津幸子さん
堤 人美さん
上田淳子さん
大庭英子さん

暮しの手帖のクイックレシピ
目次

第1章
メインおかず

有元葉子さん
大根と手羽先の炒め煮…8
牛肉のしそバター炒め…9
肉のシンプル焼き…10
ごぼうと肉の素揚げ…11
アジのカレーソテー…12
ワカメと玉子炒め…13

コウケンテツさん
豆乳チゲ…14
プルコギ…15
鶏肉とにんじんのマリネ蒸し…16
手羽先ときのこのグリル…17
豚春雨蒸し…18
魚のしょうが蒸し…18

脇 雅世さん
焼き肉サラダ…22
ポークソテー ケチャップソース…23
鶏手羽先の香味レンジ蒸し…24
豆腐とごぼうのがんも風…25
鮭の片面焼き…26
塩ブリの大根鍋…27

堤 人美さん
トマト入り厚揚げ麻婆…28
れんこんと豚肉の梅昆布風味…29
じゃがいもと鶏肉のみそ照り煮…30
焼きサバのニラダレがけ…31
牛肉と長いもの塩とろみ炒め…32
パセリと竹輪のかき揚げ…33

川津幸子さん
豚ロースの挟み焼き…36
豚肉のガーリックレモン炒め…37
BBQビーフのレタス包み…38
鶏のしょう油煮…39
ごま漬けサーモン…40
イワシの塩炒り…41

ワタナベマキさん
白菜と豚肉の重ね煮…42
鶏手羽とれんこんの重ね煮…42
タンドリーチキン…44
チャプチェ…45
塩サバマリネのオーブン焼き…46
ボリューム玉子焼き…47

上田淳子さん
チキンソテー…50
ステークアッシェ…51
里いもとチーズの揚げもの…52
セロリ入り揚げ焼き餃子…53
プチソーセージのトマトソース…54

前沢リカさん
メカジキのスパイス焼き…55
麻婆白菜…56
牛肉と白滝の炒め煮…57
豚肉とりんごの甘酢炒め…58
お麩とねぎの玉子とじ…59

大庭英子さん
ひき肉ともやしのカレー炒め…62
豚肉とわけぎのピザ風…63
炒り鶏…64
白菜と豚肉の豆乳鍋…65
長いもの肉巻き照り焼き…66
鶏肉とエリンギのクリーム煮…67

冷水希三子さん
ブリのバルサミコ照り焼き…68
牛肉と椎茸のステーキ…69
鶏とカリフラワーの蒸し煮…70
トマトとエビの玉子炒め…71
豆腐のそぼろあんとじ…72

第2章
サブおかず

有元葉子さん
根菜のオイル焼き…76
青菜たっぷりの中華風…77
刺身サラダ…78
海苔サラダ…78

コウケンテツさん
れんこんのハチミツしょう油煮…79
豆もやしスープ…80
ワカメスープ…81
冬のピクルス…81

脇 雅世さん
豆腐ステーキ…82
炒めサラダ…83
豆もやしのナムル風…83
蒸しサラダ…84

川津幸子さん
麻婆豆腐風冷奴…85
アボカドとツナのカレーマヨネーズ…86
ごぼうのごま酢和え…87
長いもそうめん…87

ワタナベマキさん
ブロッコリーと大豆の
マスタードサラダ…88
塩揉み大根とささ身のサラダ…89
ほうれん草のポタージュ…90

前沢リカさん
蒸しなす豆腐…91
梅みそサラダ…92
かぼちゃのバルサミコ焼き…92
じゃがいもとピーマンのクミン炒め…93

堤 人美さん
豆乳とじゃがいものポタージュ…94
ワンタンスープ…95
ひじきとトマト炒め…95

上田淳子さん
茶碗蒸し しょうがあんかけ…96
こんにゃくのおかか煮…97
太めごぼうのきんぴら…97

冷水希三子さん
キャベツのクミンソテー…98
きゅうりのアグロドルチェ…98
イカとせりのねぎダレ和え…99

大庭英子さん
焼きブロッコリー…100
焼きわけぎのおかかじょう油和え…101
オクラのマヨネーズ焼き…102
キャベツのオイル蒸し…102

第3章
ご飯・麺類

有元葉子さん
ねばねば丼…110
パンチェッタときのこのパスタ…111

コウケンテツさん
シンプルカレー…112
かんたんビビンバ…113

脇 雅世さん
つけ蕎麦…114
サーモン丼…115

川津幸子さん
じゃこごぼうの混ぜご飯…116
中華風目玉焼き丼…117

ワタナベマキさん
やまいも丼…118
煮込みうどん…119

上田淳子さん
鍋焼きうどん…120
あんかけ焼きそば…121

前沢リカさん
豚とニラの和え麺…122
炒り豆腐の混ぜご飯…123

大庭英子さん
みそチャーハン…124
鶏の照り焼き丼…125

冷水希三子さん
春菊としらすのパスタ…126
ワカメとトマトのポキ丼風…127

堤 人美さん
セロリ入りカニ玉丼…128
大根と豚肉の和風カレー…129
ブロッコリーとアンチョビの
煮込みパスタ…130

コラム
わが家のクイックアイデア
有元葉子さん…20
コウケンテツさん…21
脇 雅世さん…34
堤 人美さん…35
川津幸子さん…48
ワタナベマキさん…49
上田淳子さん…60
前沢リカさん…61
冷水希三子さん…73
大庭英子さん…74

エッセイ
立ち食いそばと缶詰の日々　春風亭昇太…103
すぐできるかけ素麺　　ほしよりこ…104
梨のピザ　　林 望…105
豆腐めしと、だらだら鍋　牧野伊三夫…106
料理しなくなって　　伊藤比呂美…107
ねじねじラザニア　　東 直子…108

主材料別さくいん…131
編集者の手帖…134

カバー写真　木村 拓　豊田朋子　福尾美雪
カバー料理　脇 雅世　コウケンテツ　大庭英子
　　　　　　有元葉子　ワタナベマキ

写真　木村 拓（有元葉子さん、脇 雅世さん、大庭英子さん）
　　　豊田朋子（コウケンテツさん、川津幸子さん）
　　　福尾美雪（堤 人美さん、ワタナベマキさん）
　　　広瀬貴子（上田淳子さん）
　　　新居明子（前沢リカさん、冷水希三子さん）

スタイリング　高橋みどり
版画　小井田由貴
デザイン　林 修三　熊谷菜都美（リムラムデザイン）
プリンティングディレクター　小林武司（凸版印刷株式会社）

編集　宇津木 貴
　　　北川史織
　　　平田純子
　　　田島良子
　　　島崎奈央

　　　久我英二

進行　上野 望

校閲　菅原 歩
　　　オフィスバンズ

営業　池上研治
　　　関 浩二
　　　岸上明彦
　　　矢島舞子
　　　会田綾子
　　　庄司健太
　　　松原圭子

◎この本でご紹介しているレシピの計量単位は、カップ1杯は200mℓ、大サジ1杯は15mℓ、小サジ1杯は5mℓです。計量カップや計量スプーンで量りにくいものは、gで示しています。
◎電子レンジの加熱時間は出力600Wのものを基準にしています。500Wで加熱する場合は1.2倍、700Wの場合は0.8倍の時間をめやすにしてください。
◎オーブントースターの加熱時間は出力1000Wのものを基準にしています。
◎オーブンは電気オーブンを使用しています。ガスオーブンを使う場合は、設定温度をレシピより10℃低くしてください。

第1章
メインおかず

材料の組み合わせ方や、切り方、
火の通し方。ひと工夫あるレシピで、
シンプルな材料と手順でも、
満足感のあるおかずが出来上がります。

メインおかず　有元葉子さん

20分

大根と手羽先の炒め煮
うま味がしみ込んで、ふっくら仕上がるスピード煮もの。

材料（2人分）
◎主材料

● 鶏手羽先 6本
● 大根 1/2〜2/3本

◎その他の材料
- しょうが…1〜2片
- ごま油…大サジ2杯
- 日本酒…カップ1/2杯
- みりん…大サジ2杯
- しょう油…大サジ2杯

❶ 野菜を切る
大根はよく洗い、皮をむかずにうすく細長い乱切りにします。しょうがは、半量はうす切りに、残りはせん切りにします。

❷ 炒める
大きめの鍋にごま油をひいて、強めの中火にかけ、鶏肉を皮面から入れます。何度か返しながら、しっかりと焼き色がつくまで炒めます。しょうがのうす切り、大根を加え、同様に焼き色をつけます。両手鍋を使い、鍋を振って全体を返しながら炒めるのがおすすめです。

❸ 煮る
日本酒、みりんを加え、煮立ったら、しょう油を加えます。フタをして弱火にし、10分ほど煮ます。

❹ 仕上げ
フタを外して強火にし、3〜4分煮ます。煮汁が1/3〜1/4位に減り、トロッとしてきたら味をみて、うすければしょう油を足します。火を止めて器に盛り、しょうがのせん切りをのせます。

クイック＆おいしさの理由
しっかりと炒めてから煮ることで、早く煮上がります。大根はうすく細長い乱切りにすることで、さらに早く火が通ります。大根は皮つきのほうが味わい深く、食感もよくなるので、おすすめです。

❷

牛肉のしそバター炒め

バターしょう油とたっぷりの青じその風味に、ご飯が進みます。

材料（2人分）
◎主材料

- 牛切り落とし肉 200g
- 青じそ 20枚

◎その他の材料
- バター…大サジ1杯
- オリーブ油…大サジ1杯
- しょう油…大サジ2杯

❶ 下準備

切り落とし肉は大きさがさまざまです。大きいものは、食べやすく切ります。

❷ 牛肉を炒める

フライパンを強火にかけてオリーブ油をよく熱し、中火にしてから牛肉を入れます。1枚ずつ広げて炒め、裏返しながら八割ほど火を通します。

❸ 仕上げ

しょう油をまわしかけ、火を止めてからバターを加えて混ぜます。しそを数枚重ねて、3等分位の大きさに手でちぎりながら加え、混ぜます。

〈こんなふうにも〉

肉は、豚肩ロース肉や豚ロース肉でもおいしく作れます。

15分

クイック＆おいしさの理由

バターと青じそは、風味を生かすよう、火を止めてから加えて仕上げます。また、さっと炒める料理には、脂身やスジの少ない、少し上質な部位の肉がおすすめで、切り落とし肉なら値段もお手頃です。

メインおかず　有元葉子さん

肉のシンプル焼き

香ばしく焼くのがポイント。味つけはめいめいの好みで楽しみます。

材料（2人分）
◎主材料

●豚肩ロース厚切り肉
（とんかつ用・1cm厚）
2枚

●クレソン
1束

◎その他の材料
- レモン…1/2コ
- にんにく（すりおろし）、塩、黒コショー、柚子こしょう、アリッサ（モロッコ料理やフランス料理などで使われる、赤唐辛子と香辛料を合わせた調味料）、しょう油、オリーブ油など数種類…各適量

❶ 野菜を切る

クレソンは、食べやすい長さに切ります。レモンはクシ形に切り、芯の部分を切り落とします。

❷ 豚肉を焼く

豚肉は、両面焼きの魚焼きグリルやロースターなどで強火にかけます。中まで火が通るように、様子を見ながら、焼き色がつくまで香ばしく焼きます。

❸ 仕上げ

器にクレソンと豚肉を盛りつけ、レモンを添えます。調味料をいくつか用意し、それぞれ好みでつけていただきます。

〈こんなふうにも〉
肉は厚みのある肉であれば、鶏むね肉やステーキ用の牛肉でも、同様に焼いておいしく作れます。

15分

クイック＆おいしさの理由

フライパンではなく、グリルやロースターなどの高温の直火で焼くと、香ばしくジューシーに仕上がります。フライパンで焼くときは、強火ではなく、中火でじっくりと焼きます。

メインおかず　有元葉子さん

ごぼうと肉の素揚げ

切り方の工夫で、香ばしく食感よく仕上がるレシピです。

材料（2人分）
◎主材料

● 豚肩ロースブロック肉
200g

● ごぼう（細いもの）
2本

◎その他の材料
- にんにく…1片（すりおろし）
- しょう油…大サジ2杯
- 粗挽き黒コショー…適量
- 揚げ油…適量

❶ 下準備

豚肉は両面に幅5mm位の鹿の子目（格子状）に庖丁を入れてから（a）、3cm角の角切りにします。ごぼうはすりこ木などでたたいて軽く割れ目を入れ（b）、手で長さ5cm位に折ります。ボールににんにく、しょう油、黒コショーを入れて混ぜます。

❷ ごぼうを揚げる

170℃位の揚げ油で、ごぼうを素揚げします。2〜3分をめやすに、色よく揚がったら、軽く油をきって1のボールに入れます。

❸ 豚肉を揚げる

豚肉も素揚げします。3〜4分をめやすに、鹿の子目が菊花状に開いて表面がカリッとし、中まで火が通ったら、軽く油をきってボールに加えてよく和えます。

〈こんなふうにも〉

1のボールに、黒酢や米酢小サジ2杯位を加えるのも、さっぱりとしておすすめです。

クイック＆おいしさの理由

ごぼうは庖丁で切るよりも、たたいてから手で折ると、センイが壊れて味が入りやすくなります。豚肉の鹿の子目の切り込みも、同様に味が入りやすく、食感がよくなるひと手間。ぐんとおいしく仕上がります。

メインおかず　有元葉子さん

アジのカレーソテー

カレー風味のアジが、サラダのレモン味とよく合います。

材料（2人分）
◎主材料

- アジ（三枚おろし）2尾分
- ミニトマト 15コ
- レタス 2枚

◎その他の材料
- 塩、黒コショー…各適量
- レモン汁…1/2コ分
- 強力粉、カレー粉…各適量
- オリーブ油…大サジ2杯

❶ 下準備
ミニトマトはヘタを取り、タテ半分に切ります。レタスは洗って食べやすい大きさに手でちぎり、水気をよくきります。ともにボールに入れ、レモン汁、オリーブ油大サジ1杯、塩・コショーを加え、両手を使ってよく和えます。アジは小骨を抜きます。

❷ アジに粉をまぶす
バットに同量の強力粉とカレー粉を混ぜ合わせます。アジを入れて両面にまぶし、余分な粉をはたき落とします。

❸ 焼く
フライパンにオリーブ油大サジ1杯をひき、中火にかけます。アジを皮面から入れ、2分ほど焼きます。アジのフチが白っぽくなったら皮面を見て、色よく焼けていたら返し、身側も同様に焼きます。

❹ 仕上げ
アジを取り出し、塩を軽く振ります。器に1の野菜を盛り、アジを上にのせます。

〈こんなふうにも〉
魚は青魚なら、イワシやサバなどでも同様においしく作れます。

クイック＆おいしさの理由

アジにはカレー風味が効いているので、塩は仕上げに少量だけ。その際、粒の大きな塩を使うと、少量でも味を充分に感じられます。野菜は手で調味料と和えると、まんべんなく混ざります。

20分

メインおかず　有元葉子さん

ワカメと玉子炒め

なめらかな食感と深い味わい。炒めたワカメのおいしさに感嘆。

材料（2人分）
◎主材料

● ワカメ（塩蔵）
90 g
（もどした状態で140 g）

● 玉子
3コ

◎その他の材料
- にんにく…1片
- ごま油…大サジ3杯
- しょう油…大サジ1〜1と1/3杯
- 塩…少々

❶ 下準備
ワカメは表示通りに水でもどしてしっかり塩抜きし、ざく切りして水気をよくきります。ボールに玉子を割り入れ、塩を加えてざっくりと混ぜてほぐします。にんにくはつぶします。

❷ 玉子を炒める
中華鍋または鉄製のフライパンを強火にかけてよく熱します。うすく煙が上がってきたらごま油大サジ2杯を入れ、玉子を流し入れます。玉子のフチがふくらんできたらヘラで大きく混ぜ、半熟のうちに取り出します。

❸ ワカメを炒める
弱火にしてごま油大サジ1杯をひき、にんにくを炒めます。香りが立ったら、強火にしてワカメを入れ、さっと炒めます。

❹ 仕上げ
水っぽくならないよう、しょう油を焦がすように鍋肌から加えて、玉子を戻し入れ、さっと混ぜて火を止めます。

15分

クイック＆おいしさの理由
玉子は多めの油で、強火で一気に手早く。味つけはワカメだけにして、めりはりのある味わいに。ワカメは、カットワカメではなく、厚みのあるものがおすすめです。茎の部分もおいしくいただきます。

❷

❹

メインおかず　コウケンテツさん

15分

豆乳チゲ

キムチを使ってコクを出します。豆乳ベースのやさしい味わいです。

材料（2人分）
◎主材料

● 豚バラうす切り肉 120g

● 白菜キムチ 120g

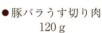
● 豆乳（成分無調整）カップ1と1/2杯

◎その他の材料
- にんにく…1片
- 塩、粗挽き黒コショー…各少々
- ごま油…大サジ1/2杯
- 日本酒…カップ1/4杯
- みそ…大サジ1杯
- 水…カップ1杯

❶ 下準備
キムチは辛ければ軽く水洗いします。豚肉は長さ4等分に切り、塩・コショーを振ります。にんにくはすりおろします。

❷ 炒める
鍋にごま油をひいて中火にかけ、豚肉を炒めます。肉の色が変わったら、キムチ、にんにくを加えて、香りが立つまでさらに炒めます。

❸ 煮る
日本酒、水を加え、煮立ってから5分ほど煮ます。みそを溶き入れ、豆乳を加えてひと煮立ちさせます。

〈こんなふうにも〉
手順3で、水と同時に、ニラ、カリフラワー、舞茸などをプラスしても。

クイック＆おいしさの理由

キムチを使うことで、手軽にうま味が出ます。ただし、そのまま使うと辛過ぎる場合は、軽く水洗いしてから加えます。豆乳を加える前に、日本酒と水で煮ることで、うま味をさらに引き出します。

❷

プルコギ

甘辛味の牛肉に、ごぼうの歯ごたえがアクセント。

材料（2人分）
◎主材料

- ●牛切り落とし肉 150ｇ
- ●玉ねぎ 1/2コ
- ●ごぼう 1/2本

◎その他の材料
- 韓国産粉唐辛子（または一味唐辛子）、わけぎ…各適量
- 酢…少々
- A
  - にんにく、しょうが…各1/2片
  - しょう油…大サジ1杯
  - 日本酒…大サジ1杯
  - 砂糖…小サジ2杯
  - 白炒りごま…大サジ1/2杯

❶ 下準備

玉ねぎはセンイにそってうす切りにします。ごぼうは庖丁の背で皮をこそげ取り、斜めうす切りにしてから細切りにして、酢水に5分ほどさらします。ザルに上げ、水気を拭き取ります。にんにく、しょうがはすりおろします。わけぎは小口切りにします。

❷ 下味をつける

ボールにAの材料を混ぜ、牛肉を加えて手で揉み込みます。さらに、ごぼう、玉ねぎを加えて混ぜます。

❸ 炒める

フライパンを中火にかけ、2を漬けダレごと入れて、ほぐしながら炒めます。肉に火が通り、ごぼうがしんなりしたら器に盛り、わけぎをのせ、粉唐辛子を振りかけます。

20分

クイック＆おいしさの理由

肉は炒める前に下味をつけることで、味がしみ込みます。手でよく揉み込めば、時間をおく必要がありません。あとは漬けダレごと炒めるだけで、しっかり味のおかずの出来上がりです。

メインおかず　コウケンテツさん

鶏肉とにんじんのマリネ蒸し

ふっくらジューシーな鶏肉に、レモンの酸味が食欲をそそります。

材料（2人分）
◎主材料

● 鶏もも肉
1枚

● にんじん
1本

◎その他の材料
- パセリ…少々
- 日本酒…大サジ2杯
- A・にんにく…1片
  - 塩…小サジ1杯
  - レモン汁、オリーブ油
    …各大サジ1杯

❶ 下準備

鶏肉は大きめのひと口大に切ります。にんじんは皮をむいて厚さ7〜8mmの輪切りにします。パセリはみじん切りにします。にんにくはすりおろします。

❷ 下味をつける

ボールにAを混ぜて鶏肉、にんじんを加えて手で揉み込み、5分ほどおきます。

❸ 蒸す

フライパンに2のにんじんを並べ、その上に鶏肉をのせます。日本酒を振ってフタをし、強火にかけます。フツフツと煮立ったら、弱めの中火にして10分ほど蒸します。器に盛り、パセリを散らします。

20分

クイック＆おいしさの理由

「プルコギ」（15頁）と同様、肉に下味をつけておくと、味がしっかりしみ込みます。油をまぶして蒸すことで、炒めるよりも、鶏肉がふっくらとジューシーに仕上がります。

メインおかず　コウケンテツさん

手羽先ときのこのグリル

グリルで焼くだけで、子どもも喜ぶごちそうの完成です。

材料（2人分）
◎主材料

- 鶏手羽先　8本
- しめじ　1/2パック
- 椎茸　4枚

◎その他の材料
- すだち…1コ
- 塩、粗挽き黒コショー…各少々
- 柚子こしょう…適量

❶ 下準備
椎茸は石突きを落とします。しめじは石突きを落として大きめにほぐします。手羽先は塩・コショーを振ります。

❷ グリルで焼く
グリルに1を並べ、中火で両面をこんがりと焼きます。途中で、しめじ、椎茸に火が通ったら、先に取り出します。

❸ 仕上げ
器に盛り、ヨコ半分に切ったすだち、柚子こしょうを添えます。

〈こんなふうにも〉
大根おろしとしょう油でいただくのもおすすめです。きのこの代わりにれんこんなどを使っても。

クイック＆おいしさの理由
鶏肉に塩・コショーをしておくだけで、充分にうま味が引き出されます。片面焼きのグリルの場合は、途中で上下を返して焼きます。鶏肉よりきのこ類のほうが早く火が通ります。

メインおかず　コウケンテツさん

豚春雨蒸し
豚肉のうま味をたっぷり含んだ春雨が、特別なおいしさ。

材料（2人分）
◎主材料

● 豚バラうす切り肉
150g

● キャベツ
1/4コ

● 緑豆春雨
40g

◎その他の材料
- にんにく…2片
- 塩、粗挽き黒コショー…各適量
- 日本酒、ごま油…各大サジ1杯

❶ 下準備

春雨は表示通りにもどし、水気をきり、長ければ食べやすく切ります。キャベツは食べやすい大きさに切ります。豚肉は3等分に切って、塩・コショー少々を振ります。にんにくはうす切りにします。

❷ 重ねて蒸す

フライパンに春雨、キャベツの順に入れ、豚肉を広げて重ねます。にんにくを散らし、日本酒、ごま油をまわしかけます。フタをして中火にかけ、沸いたら弱火にして10〜15分蒸し、さっと混ぜます。塩・コショーで味をととのえます。

クイック＆おいしさの理由

豚肉を一番上にのせることで、豚肉から出たうま味がキャベツに移り、一番下の春雨にすべてのうま味がしみます。豚肉がなるべく重ならないよう、広げてのせると、火の通りも早くなります。

魚のしょうが蒸し
日本酒としょうがを効かせた、さっぱりとしたひと品。

材料（2人分）
◎主材料

● タラ
2切れ

● しょうが
2〜3片

◎その他の材料
- 日本酒…大サジ2杯
- 塩、粗挽き黒コショー…各少々

❶ 下準備

タラに塩・コショーを振ります。しょうがは太めのせん切りにします。

❷ 蒸す

フライパンにタラを並べ、しょうがをのせます。日本酒を振り、フタをして中火で5分ほど蒸します。器に盛り、コショーを振ります。

〈こんなふうにも〉

タラの代わりに、サバの切り身や、メバルなどでも結構です。メバルなど、1尾まるごと調理する場合は、10〜15分蒸します。

クイック＆おいしさの理由

魚に塩・コショーをして、たっぷりのしょうがをのせて日本酒を振ることで、魚のくさみがぐんと減ります。しょうがは単なるくさみ消しではなく、魚と一緒にいただけば、さわやかなおいしさです。

わが家のクイックアイデア
有元葉子さん

「時間をかけないことと、おろそかにすることは、違うのです。コツを押さえれば、シンプルに、手早く、おいしいものを作れます。そうして、毎日の食卓をつなげていきたいものですね」

手軽にうま味をプラスできる熟成食品

アンチョビ、パンチェッタやベーコン、サラミなど、魚や肉を加工した熟成食品は、深いうま味が持ち味です。料理に加えるだけで味に奥行きが出て、おいしくなるのが魅力。調味料をあれこれ使うよりも味が決まりやすくて、スピードアップにも役立ちます。「パンチェッタときのこのパスタ」（111頁）では、合わせた椎茸もうま味が豊富ですから、相乗効果でさらにおいしくなります。

主菜にもなるサラダなら、もうひと品は軽いもので充分

火を使わないサラダは、忙しいときに便利です。さらに、魚や豆腐などたんぱく質の素材を合わせたサラダなら、食べごたえのある副菜になり、主菜はごくシンプルなもので済みますから、手早く献立がととのいます。「刺身サラダ」（78頁）もそのひとつ。魚をマグロで作ってもいいでしょう。その場合、ドレッシングには柚子こしょうとオリーブ油、しょう油などが合います。季節の野菜で自由に楽しんでください。

刻む、すりおろす、混ぜる。道具をうまく活用しています

忙しいときに役立つ、おすすめの道具がフードプロセッサー。今回は「ねばねば丼」（110頁）でも活躍しました。粘りのあるやまいもやオクラのような素材をすりおろしたり、みじん切りしたり。ほかにも玉ねぎのみじん切りなど、手間がかかるものに重宝します。「手早く」というだけでなく、その手間を省くことができるので、賢く活用したいですね。

切り方の工夫で、おいしさが格別に

「ごぼうと肉の素揚げ」（11頁）では、ごぼうはすりこ木でたたいて手で折り、豚肉は格子状の切り込みを入れています。これだけで味の入り方と食感がまったく違います。また、葉野菜やハーブは手でちぎると、香りが立ち、味が入りやすく、食感もよくなります。手は最高の道具です。食材の切り方ひとつで、仕上がりがずいぶん違うものですから、工夫のしがいがありますね。

ありもと ようこ
食べるものが身体を作り、まっとうな家庭料理が心を満たすと考え、おいしいものを作り、食べることを楽しむ。主婦を経て料理研究家になり、働きながら3人の娘を育てた経験は、無理なく日々の食卓をつなげる工夫あるレシピに生かされている。

わが家のクイックアイデア
コウケンテツさん

「ふたりの子どもと妻に毎日料理を作っています。フライパンやグリルなどの便利な道具を使いながら、韓国料理の食材や知恵を、さまざまな料理に応用しています」

手軽にダシがとれて そのまま食べられる食材

煮ものや汁ものには、素材自体からダシが出るものを使うと、手間がかかりません。おすすめは、キムチ、豆もやし、煮干しです。韓国料理に欠かせない豆もやしは火が通りやすく、香りも豊かです。キムチは買ったばかりのものより、しばらくおいて熟成させ、うま味と酸味が増したものが適しています。

蒸しものは フライパンで手軽に

蒸しものにおすすめなのが、フタつきのフライパンです。今回ご紹介した蒸しもの（16、19、113頁）は、材料と調味料を入れてフタをして蒸すだけで完成します。素材の水分や、振りかけた日本酒など、少ない水分で短時間で蒸し上がります。

グリルを活用します

グリルは火にかけている間に別の作業ができるので、日ごろからよく使います。焼き魚以外にも、グラタンやトースト、ブロック肉を焼いたりと活用しています。肉と野菜では火の通り加減に差があるので、「手羽先ときのこのグリル」（17頁）のように、同時に焼き始めた場合は、様子を見て、焼けたものから取り出します。

こう　けんてつ
旬の食材を生かした簡単でヘルシーなメニューを多数提案する。6歳の息子、4歳の娘の父親でもあり、自身の経験をもとに、親子の食育、男性の家事・育児参加、食を通してのコミュニケーションを広げる活動に力を入れている。

カレーをアレンジ

「シンプルカレー」（112頁）は、いわば「カレーの素」のように使えます。好みでバターやヨーグルトを加えると風味が増します。仕上がりに、さつまいも、れんこん、かぼちゃなどの揚げ野菜を添えても変化がつきます。たくさん作っても、冷蔵で2～3日、冷凍で1カ月保存できます。

メインおかず　脇 雅世さん

15分

焼き肉サラダ

濃いめに味つけした焼き肉をのせて、生野菜をたっぷりいただけます。

材料（2人分）
◎主材料

- 豚小間切れ肉 200g
- 水菜 1/2束
- ベビーリーフ 1/2袋

◎その他の材料

A
- 長ねぎ…1/4本（粗みじん切り）
- しょうが…1片（すりおろし）
- にんにく…1/2片（すりおろし）
- しょう油…大サジ1と1/2杯
- 白すりごま…大サジ1杯
- 砂糖…大サジ1杯
- 日本酒…大サジ1杯
- ごま油…大サジ1/2杯
- みそ…大サジ1/2杯
- コショー…少々
- サラダ油…小サジ2杯

❶ 野菜の下準備

水菜は洗って根元を落とし、長さ3cmに切り、水気をよくきります。ベビーリーフも洗って水気をきります。合わせて器に盛ります。

❷ 豚肉にタレをからめる

ボールに豚肉を入れ、Aを加えて混ぜ合わせます。

❸ 炒める

フライパンにサラダ油をひいて強火にかけ、フライパンが熱くなったら2を入れて、ほぐすようにして手早く炒めます。肉に火が通り、少し焼き色がついたら、1の上にのせて出来上がりです。

クイック＆おいしさの理由

野菜は味つけせず、タレをからめた焼き肉とともに味わいます。サラダを別に作るより楽で、見た目も華やか。タレに肉汁も合わさり、コクのあるおいしさです。

メインおかず　脇 雅世さん

ポークソテー ケチャップソース

肉汁にケチャップとしょう油を合わせるだけで、コクのあるソースに。

材料（2人分）
◎主材料

● 豚ロース厚切り肉 2枚

● じゃがいも 2コ

◎その他の材料
・塩、コショー…各少々　・小麦粉…適量　・サラダ油…小サジ1杯　・イタリアンパセリ…適宜
A ・ケチャップ…大サジ3杯　・しょう油…小サジ1杯　・水…大サジ2杯

❶ 下準備
じゃがいもは皮をむいてひと口大に切り、水にさらします。水気をきり、耐熱ボールに入れてラップをします。豚肉は、盛りつけたときに裏になる面に、庖丁の刃先でスジ切りします。両面に軽く塩・コショーし、小麦粉をうすくつけます。

❷ 豚肉を焼く
フライパンにサラダ油をひいて中火にかけ、よく熱します。豚肉2枚を重ねてトングで持ち、側面の脂身を下にして焼きつけます。よい焼き色がついたら、表になる面を下にして並べます。フライパンをゆすりながら1分半ほど焼き、焼き色がついたら返し、同様に焼きます。

❸ じゃがいもを加熱
2の間に、1のじゃがいもを600Wの電子レンジに2分かけます。そのまま1分蒸らし、上下を返してさらに2分〜2分半、柔らかくなるまでかけます。

❹ 仕上げ
肉の上にAを加え、からめるようにして焼き上げます。器にのせ、3と、好みでイタリアンパセリを添えます。

20分

クイック＆おいしさの理由
はじめに側面の脂身をしっかり焼きつけて、香ばしさを引き出してから、表面、裏面と焼きます。また、手順4で水分を加えて焼くことで、厚切り肉にきちんと火が通ります。

❷

❹

メインおかず　脇 雅世さん

鶏手羽先の香味レンジ蒸し

電子レンジで作る、ピリ辛でトロッとした中華風のおかずです。

材料（2人分）
◎主材料

● 鶏手羽先
6本

● しめじ
1パック

◎その他の材料
- 片栗粉…大サジ1/2杯
- A 長ねぎ…1/4本（粗みじん切り）
  - にんにく…1片（みじん切り）
  - しょうが…大サジ1/2杯（みじん切り）
  - 唐辛子…1本（種を除いて輪切り）
  - 砂糖…大サジ1/2杯
  - しょう油…大サジ1/2杯
  - オイスターソース…小サジ1杯
  - ごま油…小サジ1杯
  - 塩…小サジ1/3杯
  - コショー…少々

❶ 下準備

鶏手羽先は、先端の細い部分を切り落とし、骨2本の間を切って2つに分けます。しめじは石突きを落としてほぐします。

❷ 材料を合わせる

ボールに1の手羽先を入れ、片栗粉を振って全体になじませます。Aを加えてよく混ぜ合わせ、しめじも加えてさっと混ぜます。

❸ 電子レンジで加熱

2を耐熱皿（直径23cm位）に、真ん中をあけてドーナツ状にのせます。ふんわりとラップをかけ、600Wの電子レンジに4分かけます。そのまま1分ほど蒸らし、全体を混ぜ合わせたら、再び真ん中をあけてラップをし、2分かけます。

クイック＆おいしさの理由

鶏肉を半分に切ることで、短時間で火が通り、味もしみ込みやすくなります。電子レンジにかけるときは、加熱ムラを避けるために真ん中をあけ、ふんわりとラップをかけるのがコツです。

❸

メインおかず　脇 雅世さん

20分

豆腐とごぼうのがんも風

衣いらずの簡単揚げもの。ごぼうとごまの香ばしさが格別です。

材料（2人分）
◎主材料

● 絹ごし豆腐 1/2丁（150g）
● 鶏ひき肉 100g
● ごぼう 1/2本

◎その他の材料
- すだち…1コ
- 塩…小サジ1/3杯
- コショー…少々
- 黒炒りごま…大サジ1と1/2杯
- 揚げ油…適量

❶ 下準備

ごぼうは大きめのささがきにしながら、水をはったボールに落とし、切り終えたらザルに上げます。豆腐は水をきり、キッチンペーパーで水気を軽く拭き取ってから、別のボールに入れます。

❷ 生地を混ぜる

1の豆腐のボールに、鶏ひき肉、塩・コショーを加え、手でなめらかになるまでよく混ぜ合わせます。さらに、炒りごま、ごぼうを加え、混ぜ合わせます。

❸ 揚げる

2を16等分にし、手で軽くまとめながら、170℃に熱した揚げ油に入れます。強めの中火で、こんがりと色づくまで7分ほど揚げ、引き上げて油をきります。器に盛りつけ、すだちをヨコ半分に切って添えます。

クイック＆おいしさの理由

切る材料はごぼうだけで、衣もつけないので、手早く作れます。ごぼうは歯ごたえを生かすよう、大きめのささがきに。表面に飛び出してカリッと揚がった部分が、香ばしいおいしさです。

メインおかず　脇 雅世さん

鮭の片面焼き
皮面からじっくりと火を通し、皮面はパリッと、身はしっとりと仕上げます。

材料（2人分）
◎主材料

● 鮭
（皮面が大きいもの）
2切れ

● ミニトマト
8コ

◎その他の材料
- 塩…小サジ1/2杯
- サラダ油…小サジ2杯
- バター（あれば食塩不使用）
　…大サジ1杯
- コショー…少々

❶ 下準備
鮭は全体に塩を振ります。身側を上にして、ラップをそわせるように貼りつけ、塩がなじむまで5分ほどおきます。

❷ 鮭を焼き始める
フライパンにサラダ油をひきます。鮭の水気をキッチンペーパーで拭き取り、皮面をフライパンに密着させるようにして入れます。中火にかけます。

❸ ミニトマトを加える
鮭がパチパチと音を立て始めたら弱めの中火にし、様子を見ながら5〜6分焼きます。鮭がフチから白っぽくなり、皮面が香ばしく色づいてきたら、ミニトマトをヘタつきのまま、フライパンのあいているところに入れます。

❹ 仕上げ
ミニトマトをときどき返しながら、火が通るまで3分ほど焼き、取り出します。バターを加えて溶かし、スプーンですくって、鮭の身の上にかけながら焼きます。身が完全に白くなったら、火を止めてコショーを振ります。

クイック＆おいしさの理由
常温のフライパンに、鮭の皮面をぴったり貼りつけて火にかけると、焼いている間に皮面が反らず、パリッと焼き上がります。身側を焼かないので、パサつかず、しっとりとしたおいしさになります。

メインおかず　脇 雅世さん

20分

塩ブリの大根鍋

昆布ダシにブリのうま味が溶け込んだ、澄んだおいしさ。

材料（2人分）
◎主材料

- ブリ 2切れ
- 大根 20cm
- 小松菜 1/2束

◎その他の材料
- 昆布…12×5cm　・塩…小サジ1杯
- 柚子こしょう…適宜
- A ・日本酒…カップ1/4杯
　　・塩…小サジ1杯弱
　　・しょう油…少々

❶ ブリに塩をする
ブリは大きめのひと口大に切ります。ポリ袋に入れ、塩を全体に振り、袋の空気を抜いて口を閉じます。5分ほどおいて塩をなじませます。

❷ 昆布をもどす
土鍋に昆布、水カップ3〜4杯を入れて中火にかけます。昆布が広がったら、火を止めて取り出し、食べやすい長さの細切りにします。土鍋に戻し入れ、Aを加えます。

❸ 野菜の下準備
大根は皮をむき、ピーラーでうすくリボン状に切ります。たっぷりの水にさっとくぐらせ、ザルに上げます。小松菜は根元を落とし、長さ3cmに切ります。

❹ ブリのくさみ抜き
鍋に湯を沸かし、ブリを1分ほどゆでて、ザルに上げて湯をきります。

❺ 仕上げ
ブリを土鍋に入れて中火にかけます。煮立ったら、大根、小松菜を加え、火が通ったものからいただきます。好みで、柚子こしょうを添えても。

クイック＆おいしさの理由
ピーラーでうす切りにした大根は、火が通りやすく、食感も楽しめます。切ったら、水でさっと洗って独特のくさみを抜くのがポイント。風味を損なうので、水に浸しておかないようにします。

❸

メインおかず　堤 人美さん

20分

トマト入り厚揚げ麻婆

完熟トマトを生かした、ジューシーで、まろやかな辛味のひと皿です。

材料（2人分）
◎主材料

- トマト（完熟） 2コ
- 豚ひき肉 200g
- 厚揚げ 1枚（150g）

◎その他の材料
A
- にんにく、しょうが …各1/2片（みじん切り）
- 豆板醤…小サジ1/2杯

B
- しょう油、みそ…各大サジ1/2杯
- 砂糖…小サジ1/4杯
- 水…カップ3/4杯

- 塩、コショー…各適量
- サラダ油…小サジ2杯
- 日本酒…大サジ1杯
- 片栗粉…大サジ1杯（大サジ2杯の水で溶く）
- ラー油、粉山椒…各適宜

❶ 下準備
ひき肉は、塩・コショーして下味をつけます。トマトはざく切りにします。厚揚げは熱湯をまわしかけ、油抜きをします。

❷ 香味野菜、ひき肉を炒める
フライパンにサラダ油を弱火で熱し、Aを加え、香りが立つまで炒めます。中火にし、ひき肉を加えて5分ほど炒めます。

❸ トマトを加えて炒める
トマトを加え、皮がはじけるまで1分ほど炒め、日本酒を振ります。

❹ 煮る
Bを加えて混ぜ合わせます。煮立ったら、厚揚げをひと口大にちぎって加え、1分ほど煮ます。いったん火を止めて水溶き片栗粉をまわし入れ、再び中火にかけて混ぜ、トロミをつけます。好みで、ラー油、粉山椒を振って火を止めます。

クイック＆おいしさの理由

麻婆豆腐の場合、豆腐の水きりの時間が必要ですが、厚揚げは水きり不要なのが便利。うま味があり、ちぎることで味がしみ込みやすくなります。トマトはよく熟したものを使い、うま味を生かします。

メインおかず　堤 人美さん

れんこんと豚肉の梅昆布風味

シャキシャキのれんこんに、切り昆布と梅肉、青じその風味が絶妙です。

材料（2人分）
◎主材料

- れんこん 150g
- 豚バラうす切り肉 150g

- 青じそ 10枚

◎その他の材料
- 切り昆布（乾燥）…20g
- しょうが…1片
- ごま油…小サジ2杯
- 白すりごま…大サジ1杯

A
- 梅干し…1コ（ちぎって種ごと）
- 日本酒、みりん、しょう油 …各小サジ2杯
- 砂糖…小サジ1杯

❶ 下準備

切り昆布はさっと洗い、水カップ2杯に5分ほどつけてもどし、もどし汁をカップ1杯取り分けます。れんこんは皮をむいてひと口大の乱切りにし、水にさらします。豚バラ肉は幅3cmに切ります。しょうがはせん切りにします。

❷ 炒める

鍋またはフライパンにごま油を弱火で熱し、しょうがを香りが立つまで炒めます。中火にし、豚肉を加えて炒め、肉の色が変わったら、水気をきった切り昆布とれんこんを加えて、れんこんが少し透き通るまで炒めます。

❸ 煮る

昆布のもどし汁、Aを加え、落としブタをして、中火で10分ほど煮ます。落としブタを取り、青じそを6等分位にちぎって加え、すりごまを混ぜ、火を止めます。

クイック＆おいしさの理由

梅干しも調味料のひとつとして生かします。果肉をちぎり、果肉のついた種まで余さず加えるのがコツ。塩分と酸味が効いた、さわやかな味に仕上がります。

20分

メインおかず　堤 人美さん

じゃがいもと鶏肉のみそ照り煮

ほくほくのじゃがいも、香ばしく焼いた鶏肉を、こっくりと仕上げます。

材料（2人分）
◎主材料

● じゃがいも 2コ
● 鶏もも肉 大1枚（300g）

◎その他の材料
・塩…小サジ1/4杯
・コショー、七味唐辛子…各適量
・オリーブ油…小サジ2杯

A ・にんにく…1/2片（すりおろし）
　・みそ…大サジ2杯
　・日本酒…大サジ1杯
　・ハチミツ…大サジ1/2〜1杯
　・水…カップ1/4杯

❶ 下準備

じゃがいもはよく洗い、皮つきのまま6等分のクシ形に切り、水に5分さらします。鶏もも肉は余分な脂身を取り除いて大きめのひと口大に切り、塩・コショーします。Aを混ぜ合わせます。

❷ じゃがいもを電子レンジで加熱

じゃがいもをザルに上げ、耐熱容器に入れてふんわりとラップをし、600Wの電子レンジで6分加熱します。

❸ 焼く

フライパンにオリーブ油を中火で熱し、鶏肉を皮面を下にして並べ、水気を拭いたじゃがいもも入れます。ともに両面を3分ほど焼き、全体に焼き目をつけ、フライパンに脂が出たら拭き取ります。

❹ 仕上げ

Aを加えて汁気が少なくなるまで煮からめ、器に盛り、七味唐辛子を振ります。

クイック＆おいしさの理由

みそには、にんにくを加えて風味づけをします。さらにハチミツを加えることで、煮からめたときに照りが出て、こっくりとした味わいになります。

メインおかず　堤 人美さん

焼きサバのニラダレがけ

フライパンでこんがりと。黒酢を効かせた風味よいニラダレをかけます。

材料（2人分）
◎主材料

● サバ（二枚おろし）1/2尾
● 椎茸 4枚
● ニラ 1/2束

◎その他の材料
- 塩…小サジ1/3杯
- ごま油…小サジ2杯
- コショー…適量
- A ・しょう油、黒酢（なければ酢）
　　…各大サジ2杯
　・砂糖…大サジ1杯
　・白炒りごま…大サジ1杯
　・ごま油、水…各大サジ1/2杯

❶ 下準備
サバはヨコ半分に切って塩を振り、5〜10分おきます。椎茸は石突きを落として半分に切ります。ニラは長さ5mm位に切ってボールに入れ、Aを加えて混ぜ合わせ、ニラダレを作ります。

❷ 焼く
フライパンにごま油を中火で熱します。サバの水気を拭き取って、コショーを振り、皮面を下にして入れます。皮面がこんがりとするまで3分ほど焼き、返してさらに3分ほど焼きます。サバを返したタイミングで、フライパンのあいているところに椎茸を入れ、ヘラで押さえながら焼きます。椎茸に焼き色がついたら、塩・コショー（分量外）を振ります。

❸ 仕上げ
器にサバ、椎茸を盛りつけ、熱いうちに、1のニラダレをかけていただきます。

クイック＆おいしさの理由
切り身魚は短時間で火が通るのが利点。サバは、ごま油でこんがり焼くことで、脂が落ちてくさみが取れ、同時に、風味よく仕上がります。また、熱いうちにタレをかけることで、味がよくなじみます。

メインおかず　堤 人美さん

15分

牛肉と長いもの塩とろみ炒め

ほっくりとした長いもを、やさしい塩味で。粉山椒がアクセント。

材料（2人分）
◎主材料

- 牛切り落とし肉 200g
- 長いも 200g
- 長ねぎ（白い部分）1本

◎その他の材料
- しょうが…1/2片（うす切り）
- 塩、コショー…各適量
- サラダ油…適量
- 日本酒…大サジ2杯
- 粉山椒…小サジ1/3杯

A（混ぜ合わせる）
- 塩、片栗粉…各小サジ1/2杯
- しょう油…少々　・水…カップ1/2杯

❶ 下準備

長いもは皮をむいてセンイにそって切り、長さ6cm、1cm角の棒状にします。水に5分さらしてザルに上げ、水気を拭き取ります。長ねぎは幅1cmのぶつ切りにします。牛肉は塩・コショーします。

❷ 炒める

フライパンにサラダ油小サジ2杯を中火で熱し、牛肉を色が変わるまでさっと炒め、火を止めて取り出します。フライパンをキッチンペーパーで拭き、サラダ油小サジ2杯をひいて弱火にかけ、しょうがを入れて炒めます。香りが立ったら中火にし、長いも、長ねぎを加えて2分半ほど炒めます。

❸ 仕上げ

牛肉を戻し入れ、日本酒を振り、Aを加えてトロミが出るまで炒めます。粉山椒を振り、ひと混ぜして火を止めます。

クイック＆おいしさの理由

牛肉は、火を通し過ぎるとかたくなるので、いったん取り出すのがポイントです。また、戻し入れたタイミングで日本酒を振ると、香りよく仕上がります。

メインおかず　堤 人美さん

20分

パセリと竹輪のかき揚げ

パセリの苦味と香ばしさに、竹輪の甘味が意外なほどよく合います。

材料（2人分）
◎主材料

● パセリ 1/2束
● 竹輪 2本
● 玉ねぎ 1/4コ

◎その他の材料
- 薄力粉…大サジ2杯
- 揚げ油、塩…各適量
- A ・片栗粉、薄力粉…各大サジ4杯
　・塩…1つまみ
　・水…大サジ4〜5杯

❶ 下準備

パセリは葉を摘みます。竹輪は厚さ5mmの輪切りにします。玉ねぎはセンイにそってうす切りにします。

❷ タネを合わせる

大きめのボールにパセリ、竹輪、玉ねぎを入れます。薄力粉を少しずつ振りながら、手でざっくりと混ぜ、全体にうすくまぶします。別のボールに、Aを菜箸などで混ぜ合わせて衣を作ります。パセリのボールに加えて、ざっくりと混ぜ合わせます。

❸ 揚げる

鍋に揚げ油を170℃に熱し、2を木ベラで1/4量ずつすくい、菜箸で鍋肌からすべらせるように落とします。触らずに3分ほど中火で揚げ、表面がからりとしたら返し、さらに3分ほど揚げて油をきります。器にのせ、塩を添えます。

〈こんなふうにも〉
竹輪の代わりにじゃがいもの角切りや大豆の水煮を使っても、甘味がパセリと引き立て合い、おいしく味わえます。

クイック＆おいしさの理由

パセリ、竹輪、玉ねぎは、薄力粉をうすくまぶしてから、天ぷら衣と混ぜ合わせます。こうすることで、衣がうすくまんべんなくつき、サクサクの軽い口あたりに仕上がります。

わが家のクイックアイデア
脇 雅世さん

「時間がなくても、
食材のうまさを生かした
まっとうな料理は作れます。
調理法も味つけも、
ごくシンプルに。
目先を変える方法を
少しだけ覚えておきます」

今日は和風、明日は洋風。
まとめ作りして変身させる汁もの

わたしはよく、にんじん、じゃがいも、玉ねぎをさいの目に刻み、うすめのかつおダシで煮ただけの汁ものを、大鍋で作ります。和風の献立の日なら、この汁ものを鍋に1食分取り分けて豆腐を加え、しょう油で味をととのえて、ごま油で風味づけ。洋風の献立なら、ざく切りにしたトマトを加えて軽く煮て、仕上げに塩とオリーブ油を……と、2～3日間、変化をつけて楽しみます。みそやカレー粉で味つけしたり、別の具材を足すのもおすすめです。

野菜は加熱して、たっぷり味わう

わが家の野菜の食べ方は、とてもシンプル。「炒める」「蒸す」「蒸し炒めにする」の3つの調理法が定番です。

野菜は加熱するとカサが減ってたっぷり食べられますし、甘味が増して、塩・コショーするだけで充分おいしく味わえます。目先を変えたいときは、バターでソテーしたり、しょう油やカレー粉で風味づけすることを覚えておくと便利です。

覚えておきたい冷凍術

忙しいときのために、肉・魚を冷凍ストックしています。肉をラップで包み、ポリ袋に入れて冷凍した場合は、袋ごと氷水に浸して解凍します。また、発泡トレーごと冷凍すると、手で触れないので、衛生的。金属製のバットにラップの面を伏せて冷凍庫に入れ、早く凍らせるのがコツです。切り身魚は、塩を強めに振ったり、しょう油をからめてから冷凍すると、鮮度が落ちにくくなります。

わき まさよ
ル・コルドン・ブルーパリ校ほかでフランス料理を学び、1986年より料理教室を主宰。和食も得意で、合理的で工夫に富んだレシピにファンが多い。3人の娘の母。夕食は、3～4品を30分程度でととのえ、家族そろっていただくのが日常。

すぐに量れると、料理はスムーズです

計量スプーンでみそを量り、スプーンを洗って、今度は小麦粉……と、計量スプーンをいちいち洗うのは、意外と面倒。そこでわたしは、調味料や小麦粉などの容器それぞれに、専用の計量スプーンを入れています。ささいなことですが、すぐに量れると、料理はスムーズに進みます。計量スプーンは、「100円均一」のもので充分ですよ。

わが家のクイックアイデア
堤 人美さん

「みそ、切り昆布、かつおぶし、豆乳など、うま味が豊富な素材を生かしてみましょう。短時間の調理でも、しみじみとおいしい料理になります」

いろいろと活用できるみそ

今回ご紹介したレシピでは、切り昆布や豆乳などのうま味のある素材を活用しました。みそも、そんな素材のひとつです。細ねぎの小口切りを加えて切り身魚に塗って焼いたり、同様に、白みそにみりんを加えたものを使えば、即席西京漬け風になります。写真の「ハチミツヨーグルトみそ」は、プレーンヨーグルト100gにみそ大サジ2〜3杯、ハチミツ大サジ1杯を加えたもので、鶏むね肉を半日ほど漬け込んで焼いたり揚げたりすると、しっとりとしたおいしさに。しょうがのすりおろしを加えてもよく合います。

つつみ　ひとみ
京都府出身。夫とふたり暮らし。身近な素材にひと工夫加えた、センスよく、等身大のレシピが人気。近著に『豆乳がおいしくしてくれる毎日のレシピ　おかず・ソースとクリーム・おやつ』『混ぜたら、もっとおいしい！ごちそうワンプレート』など。

うす切り、せん切りはスライサーで

本当に忙しいときは、うす切りやせん切りはとても面倒なもの。わたしがおおいに活用しているのが、スライサーです。今回ご紹介した「大根と豚肉の和風カレー」（129頁）では、大根も玉ねぎもこれでうす切りに。せん切り用の刃がついたスライサーは、なますやキャロットラペ作りによく使います。

たっぷり作って、翌日も楽しめるおかず

時間がたってもおいしく味わえる料理は、多めに作っておくと、翌日の献立に役立ちます。わたしの場合、ごぼうと牛肉のしぐれ煮風、ピーマンと豚肉の甘辛炒め、ひじき炒め、などなど。写真の「お漬けもの風サラダ」は、きゅうり、かぶ、セロリを食べやすく切って、重量の1％弱の塩を振り、水気が出たらしぼって、レモン汁とナムプラーで味つけしたもの。冷蔵庫の残り野菜で作れるので、ぜひお試しください。

うま味の強い日本酒を使えば、手軽においしさアップ

煮ものはもちろん、炒めものやハンバーグの蒸し焼きなどに、日本酒を使います。うま味の強いタイプの日本酒は、よい隠し味となり、料理の味が格段にアップするのです。わたしが愛用しているのは、塩や調味料を加えていない「白老　純米料理酒」です。

メインおかず　川津幸子さん

豚ロースの挟み焼き
「塩ねぎ」を挟んで焼くだけ。おつまみにもおすすめです。

材料（2人分）
◎主材料

● 豚ロースうす切り肉
4枚（200g）

● 長ねぎ
1本

◎その他の材料
- レモン…1/2コ
- ごま油…大サジ1と1/2杯
- 塩、コショー…各適量
- サラダ油…小サジ2杯

❶ 塩ねぎを作る
長ねぎはみじん切りにしてボールに入れ、ごま油、塩小サジ1/4杯を加えてよく混ぜます。

❷ 豚肉に挟む
バットに塩・コショーを軽く振り、豚肉を広げて並べます。肉の幅の広いところに塩ねぎを等分にのせ、半分に折ります。

❸ 焼く
フライパンを強めの中火にかけてサラダ油を熱し、豚肉を並べ入れて焼きます。両面にしっかり焼き色をつけ、肉に火が通ったら火を止め、器に盛ります。熱いうちにレモンをしぼります。

クイック＆おいしさの理由
豚肉は半分に折って焼くだけできちんとくっつきます。ごま油の風味が効いた塩ねぎと、仕上げのレモンの味つけが特長で、焼肉のタン塩のような、シンプルなおいしさです。

メインおかず　川津幸子さん

15分

豚肉のガーリックレモン炒め
にんにくの香味とレモンのさわやかさが、バランスよいおいしさ。

材料（2人分）
◎主材料

● 豚肩ロース
うす切り肉
200g

◎その他の材料
- にんにく…1片
- クレソン…適量
- 塩、コショー…各適量
- オリーブ油…大サジ1杯
- レモン汁…1/2コ分
- しょう油…小サジ1杯

❶ 下準備
バットに豚肉を1枚ずつ広げて並べ、両面に塩・コショーを振ります。にんにくはみじん切りにします。

❷ 焼く
フライパンにオリーブ油をひいて強火にかけ、豚肉を広げて入れて、しっかりと焼き色がつくまで焼きます。裏返して、八分どおり火が通ったら、フライパンを傾けて、たまった油ににんにくを入れ、香りが立つまで炒めます。

❸ 仕上げ
肉とにんにくがよくからむように混ぜ、仕上げに鍋肌からレモン汁、しょう油を加えてなじませます。器に盛り、クレソンを添えます。

クイック&おいしさの理由
強火で豚肉を焼くので、にんにくを最初に入れると焦げてしまいます。にんにくは後半で加え、油の中で炒めることで、風味がよく効いた仕上がりになります。

メインおかず　川津幸子さん

BBQビーフのレタス包み

ほのかな酸味の効いた甘辛ソース。めいめいで包んでいただきます。

材料（2人分）
◎主材料

●牛うす切り肉
200g

●レタス
1/4コ

●玉ねぎ
1/4コ

◎その他の材料
A ・ケチャップ…大サジ3杯
　・ウスターソース…大サジ1杯
　・砂糖…小サジ2杯
　・白ワインビネガー（または酢）
　　…小サジ2杯
　・塩…小サジ1/4杯
・サラダ油…小サジ2杯
・タバスコ…適宜

❶ ソースの材料を合わせる

ボールにAを入れてよく混ぜます。

❷ 野菜の下準備

レタスは1枚ずつはがし、洗って水気をよくきります。玉ねぎはタテにうす切りにし、水にさらして水気をきります。

❸ 牛肉を焼く

フライパンにサラダ油をひいて強火にかけ、牛肉を1枚ずつ広げて並べ、両面を焼き色がつくまで焼きます。1のソースを加えてよくからめ、好みでタバスコを振ります。玉ねぎと一緒にレタスで包んで食べます。

〈こんなふうにも〉
ご飯が進むおかずですが、レタス、玉ねぎと一緒に食パンに挟んで、サンドイッチにするのもおすすめです。

20分

クイック＆おいしさの理由

ケチャップベースのソースは、火を入れたビネガーのまろやかな酸味が、ご飯によく合います。牛肉を焼くときは、あまり動かさず、そして焼き過ぎないように、片面ずつ香ばしい焼き色をつけます。

①

鶏のしょう油煮

シンプルな煮汁でさっと煮て、食感よくジューシーに仕上げます。

材料（2人分）
◎主材料

- 鶏もも肉 1枚

◎その他の材料
A
- しょう油…大サジ2と1/2杯
- 日本酒…カップ1/4杯
- 砂糖…大サジ1杯
- 練り辛子…適量

❶ 煮る
フライパンまたは鍋にAと鶏肉を入れてフタをし、強火にかけます。煮立ったら弱火にして8〜10分煮ます。味がよくなじむよう、途中で3〜4回肉を返します。汁気がなくなりそうになったら、水少々を足します。

❷ 仕上げ
鶏肉を取り出し、幅2cmに切ります。器に盛り、煮汁をかけて、練り辛子を添えます。

15分

クイック&おいしさの理由
鶏肉は焼きつけずに、常温の煮汁からふっくらと煮ます。水分がとび過ぎないように、ぴったりと閉まるフタをして蒸し煮にすることと、長く煮過ぎないことがポイント。お弁当にもおすすめです。

メインおかず　川津幸子さん

ごま漬けサーモン

漬け時間は10分なのに、コクと風味が豊かな仕上がりです。

材料（2人分）
◎主材料

● サーモン（刺身用）
140g

◎その他の材料

A ・すりごま…大サジ2杯
　・しょう油…大サジ1杯
　・みりん…小サジ1杯
　・日本酒…小サジ1/2杯
　・砂糖…小サジ1/4杯
・細ねぎ、おろしわさび…各適量

❶ ごまダレを作る
ボールにAを入れて混ぜます。

❷ 漬ける
サーモンは、厚さ5mmのそぎ切りにし、1に入れてからめ、10分ほどおきます。

❸ 仕上げ
器に盛り、小口切りにした細ねぎ、わさびを添えます。

〈こんなふうにも〉
温かいご飯にのせて丼に、海苔巻きやおにぎりにしてもおいしいです。お茶漬けにするのもおすすめ。

クイック＆おいしさの理由

すりごまのコクと香りが効いた漬けダレです。短い時間で浅く漬ければ、フレッシュなおいしさに。冷蔵庫で一晩漬けておけば、味もしっかりしみて、少しねっとりとした風味に仕上がります。

メインおかず 　川津幸子さん

イワシの塩炒り

ふっくらやさしいおいしさ。昔懐かしい、漁師風のお惣菜です。

材料（2人分）
◎主材料

● イワシ
2尾

◎その他の材料
A ・日本酒…大サジ1杯
　・塩…小サジ1杯
　・水…カップ1杯
・レモン…1/2コ
・細ねぎ…適量（小口切り）
・一味唐辛子…適量

❶ 下準備
イワシはウロコを取り、頭を切り落としてから、ワタごと腹を切り落とします。腹を開き、中に残ったワタを庖丁の刃先でかき出して、中骨のそばを指でよく洗います。3つにぶつ切りにします。

❷ 煮こぼす
鍋にAを入れて煮立て、イワシを入れて落としブタをし、強めの中火で8分ほど煮ます。ザルに上げて煮汁を捨てます。

❸ カラ炒り
イワシを鍋に戻し入れます。箸で動かすと身がくずれるので、鍋をゆすりながら中火でカラ炒りし、水気をとばします。

❹ 仕上げ
器に盛り、細ねぎを散らして一味唐辛子を振り、レモンをしぼります。

〈こんなふうにも〉
好みで、大根おろしを添え、しょう油をたらしても。サバやサンマなどの青魚でもおいしく作れます。食べやすい大きさに切って、同様に炒り煮してください。

15分

クイック＆おいしさの理由

カラ炒りすることで、くさみのない仕上がりになります。まず強めの中火で煮ること、煮汁を捨てること、表面の汁気をとばすことがポイント。簡単なのに、クセのないふっくらとしたおいしさです。

❸

白菜と豚肉の重ね煮

ほのかな梅風味の、甘酸っぱくてやさしい味わい。

材料（2人分）
◎主材料

- ●白菜 1/6コ
- ●豚バラうす切り肉 150g
- ●長ねぎ 1/3本

◎その他の材料
- 梅干し…3コ
※塩分12%位のものをめやすに加減を。
A（混ぜ合わせる）
  - 日本酒…大サジ4杯
  - ごま油…大サジ2杯
  - 白炒りごま…小サジ2杯
  - しょう油…小サジ1杯

❶ 下準備
白菜はヨコに幅1cmに切り、芯と葉を分けます。長ねぎは斜めうす切りにします。梅干しは種を取り、果肉を庖丁でたたきます。種も残しておきます。

❷ 鍋に材料を重ねる
厚手の鍋に白菜の芯を入れ、豚肉を広げてのせ、長ねぎを重ねて、梅肉と種を散らしてのせます。一番上に白菜の葉をのせ、Aをまわしかけます。

❸ 煮る
鍋にフタをして中火にかけます。煮立ったら弱火にして10分ほど煮ます。

クイック＆おいしさの理由

重ねる順番が大切。かたくて火が通りにくいものから順に重ねていきます。肉などのうま味が出るものは上のほうにのせ、全体に味を行き渡らせます。

鶏手羽とれんこんの重ね煮

ホロホロの肉が食べやすく、ピリ辛味で身体が温まります。

材料（2人分）
◎主材料

- ●鶏手羽中 8本
- ●れんこん 200g

◎その他の材料
- しょうが…1片
- 細ねぎ…2本
- ごま油…小サジ2杯
A（混ぜ合わせる）
  - 日本酒…カップ1/4杯
  - 黒酢…カップ1/4杯
  - しょう油…大サジ2杯
  - 豆板醤…小サジ1/2杯
  - 水…カップ3/4杯

❶ 下準備
鶏手羽は骨にそって2本切れ目を入れます。れんこんは皮をむき、厚さ5mmの半月切りにします。水に3分さらし、水気をきります。しょうがはせん切りに、細ねぎは長さ1cmに切ります。

❷ 焼く
厚手の鍋にごま油、しょうが、鶏手羽を入れて中火にかけます。鶏手羽の両面をうすく焼き色がつくまで焼きます。

❸ 煮る
れんこんを加えてAをまわしかけ、ひと煮立ちさせます。アクを取り、フタをして弱めの中火にし、15分ほど煮ます。器に盛って、細ねぎを散らします。

クイック＆おいしさの理由

鶏手羽に切れ目を入れると、火の通りが早くなり、うま味が出やすくなります。また、骨から肉が離れやすくなります。

メインおかず　ワタナベマキさん

20分

タンドリーチキン

淡白な鶏むね肉は、ヨーグルトに漬けるとしっとりとします。

材料（2人分）
◎主材料

- 鶏むね肉（皮なし）300g
- 玉ねぎ 1/2コ
- プレーンヨーグルト カップ1/2杯

◎その他の材料
- パセリ…大サジ1杯（みじん切り）
- 粗挽き黒コショー…少々
- オリーブ油…大サジ2杯
- A・にんにく…1片（すりおろし）
  ・白ワイン…大サジ2杯
  ・ナムプラー…大サジ1杯
  ・カレー粉…小サジ2杯

❶ 材料を切る

鶏むね肉は常温にもどし、3cm角に切ります。玉ねぎはタテに幅1cmに切ります。

❷ 揉み込む

ボールに、鶏肉、ヨーグルト、Aを入れて、手でよく揉み込みます。

❸ 焼く

耐熱皿に2と玉ねぎを入れ、玉ねぎに漬けダレをかけて、黒コショーを振り、オリーブ油をまわしかけます。200℃に予熱したオーブンで、焼き色がつくまで15分ほど焼きます。仕上げにパセリを振ります。

クイック＆おいしさの理由

調味料を揉み込むと、短時間で肉に味がしみ込みます。ヨーグルトの効果で肉が柔らかくなり、焼いてもパサつきません。

チャプチェ

牛肉のうま味を吸った春雨がたっぷり。ボリューム満点のおかずです。

材料（2人分）
◎主材料

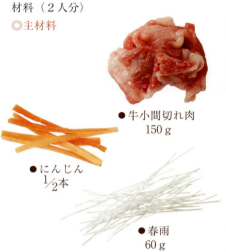

● 牛小間切れ肉 150g
● にんじん 1/2本
● 春雨 60g

◎その他の材料
- しょうが…1片
- みりん…大サジ2杯
- オイスターソース…大サジ2杯
- ごま油…小サジ2杯
- しょう油…小サジ1/2杯
- 水…カップ1杯
- 一味唐辛子…適宜

❶ 下準備

春雨は表示通りにもどし、長ければ食べやすい長さに切ります。ボールに牛肉、みりん、オイスターソースを入れて手でよく揉み込みます。にんじんは長さ4cm、幅5mmの細切りにし、しょうがはみじん切りにします。

❷ 炒める

フライパンにごま油小サジ1杯をひいて中火にかけ、しょうがを入れて、香りが立つまで炒めます。牛肉、にんじん、春雨を加えてさっと炒めます。

❸ 煮る

肉の色が変わったら水を加え、ひと煮立ちさせ、アクを取ります。フタをして弱火にし、春雨に味がしみ込むまで7〜8分煮ます。しょう油、ごま油小サジ1杯を加えてさっと混ぜます。

❹ 仕上げ

器に盛り、好みで一味唐辛子を振ります。

20分

クイック＆おいしさの理由

調味料を加え、手でよく揉み込むと、短時間で肉に味がしみます。このまま時間をおくこともできるので、たとえば、朝に下味をつけて冷蔵庫において、夜に仕上げてもよいでしょう。

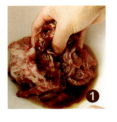

❶

メインおかず　ワタナベマキさん

塩サバマリネのオーブン焼き

塩サバはもともとうま味が強いので、下準備に時間がかかりません。

材料（2人分）
◎主材料

- 塩サバ 1尾分（三枚おろし）

- 玉ねぎ 1/2コ
- ミニトマト 10コ

◎その他の材料
- にんにく…1片
- ローズマリー（あれば）…2枝
- 白ワイン…大サジ2杯
- 塩…小サジ1/2杯
- オリーブ油…大サジ2杯
- 粗挽き黒コショー…少々

❶ 材料を切る

サバはヨコに2～3等分に切ります。玉ねぎはセンイにそってうす切りに、ミニトマトはヘタを取ってヨコ半分に切ります。にんにくは半分に切って芯を取り、うす切りにします。

❷ マリネする

バットに、1、ローズマリー、白ワイン、塩、オリーブ油を入れて全体をよく和え、なじませます。耐熱皿に入れます。

❸ 焼く

200℃に予熱したオーブンで15分ほど焼き、サバに火が通ったらコショーを振ります。

20分

クイック＆おいしさの理由

全体に油を行き渡らせることで、火が通りやすくなります。ハーブ、白ワイン、オリーブ油を加えて、魚のくさみを抑えます。

メインおかず　ワタナベマキさん

15分

ボリューム玉子焼き

みそ味で、ほうれん草とひき肉がたっぷり。子どもも喜びます。

材料（2人分）
◎主材料

● 鶏ももひき肉
　150g
● 玉子
　4コ
● ほうれん草
　3株

◎その他の材料
A・みりん…大サジ1杯
　・みそ…大サジ1杯
・ごま油…大サジ1杯

❶ 下準備

ほうれん草は長さ1.5cmに切ります。ボールに玉子をよく溶きます。別のボールに鶏ひき肉、Aを加え、菜箸でよく混ぜます。溶き玉子、ほうれん草を加え、全体がなじむまでよく混ぜます。

❷ 焼く

玉子焼き器にごま油をひいて強めの中火にかけ、1を加えて、菜箸でよくかき混ぜて焼きます。半熟になったら弱火にし、裏面に焼き色がつくまで8分ほど焼きます。皿などをかぶせていったん取り出して返し、反対の面も5分ほど焼きます。食べやすい大きさに切ります。

クイック&おいしさの理由

玉子液を菜箸でかき混ぜると火の通りが早くなり、ふっくらと焼き上がります。はじめは強めの火加減で焼きましょう。

わが家のクイックアイデア
川津幸子さん

「シンプルな料理だからこそ、材料と調味料の質が味を左右します。小さなひと手間を惜しまないことも、おいしさの決め手になる大切なことです」

調味料は、できるだけよいものを選びます

レシピがシンプルなほど、使う素材が料理の味にダイレクトに反映されます。特に気を使いたいのが調味料。できるだけ良質なものを選ぶように心がけたいものです。ただし、とにかく高価なものをということではなく、価格的にも距離的にも「自分の範囲内」で。高級なものをお取り寄せする必要はなく、近くのスーパーで手が届く範囲の良品を選ぶとよいと思います。

賢く使いたい
おすすめの市販食材

忙しいときに活用したい市販の製品があります。たとえば、大豆やミックスビーンズのドライパックの缶詰、トマトの水煮やトマトジュース、野菜ジュースなど。これらは「素材」として幅広く活用できる、味がついていないもの、自分で作るととても時間や手間がかかるものです。スープや洋風の煮もの、ソース作りなどに重宝します。

「買うもの」と決めつけずに、
作れるものは自分で作る

冷蔵庫の中に、市販品のドレッシングや麺つゆ、すし酢などが、使いきれずにずっとある、なんてことありませんか？ そのなかには、簡単に作れるものがたくさんあります。たとえばすし酢は、米酢と砂糖と塩を混ぜるだけ。わたしの割合は9：3：1。「ごま酢」(87頁)も簡単に作れて応用が利きます。「買うもの」という固定観念を外して、楽しんで作ってみてください。

かわつ ゆきこ
20代の息子、愛犬コジローとともに暮らす。料理編集者として、数々の料理本のヒット作を世に送るとともに、料理研究家としての著作も『100文字レシピ』など人気作が多い。主婦目線の作りやすくておいしい料理を、和洋中バランスよく提案する。

ちょっとしたひと手間で
味に大きな差が出ます

シンプルな料理だからこそ、ちょっとしたひと手間で、おいしさがアップするものがあります。たとえば魚をさっと煮る料理の場合、それだけでは魚独特のくさみが残ってしまいます。「イワシの塩炒り」(41頁)では、最後にカラ炒りすることでくさみをなくします。またカレー粉は、フライパンでさっと炒めてから使うと、風味が格段によくなります。カレーうどんも、おそば屋さんのような、香り高い味わいになりますよ。

わが家のクイックアイデア
ワタナベマキさん

「心がけているのは、小学生の息子と夫、家族みんなが栄養をとれて満足できるメニュー。余裕があるときに準備して、短時間で仕上がる工夫を日々実践しています」

下味をつけて、冷凍保存

「タンドリーチキン」(44頁)、「塩サバマリネのオーブン焼き」(46頁)で下味をつけたものは、冷凍で保存ができます。ポリ袋に入れて、バットに置いて平らにした状態で冷凍すると、均一の厚さになるので、解凍がスムーズです。使うときは、6時間ほど前から冷蔵庫に移しておくか、流水に10分弱浸して、半解凍してから加熱します。

朝、材料を切っておきます

朝食作りのついでに夕食のための準備をしておくと、ぐっと手早く仕上げることができます。「白菜と豚肉の重ね煮」(43頁)は材料を切って鍋に重ね、冷蔵庫に入れておけば、夕食は調味料を加えて火にかけるだけで完成します。

ダシをとったあとの昆布とかつおぶしを佃煮に

ダシをとるときに出る昆布やかつおぶしを冷凍保存しておき、ご飯のおともを作ります。

〔昆布の梅佃煮・作り方〕
ダシをとったあとの昆布200gは、3cm角に切ります。鍋に昆布、梅干し3コ、みりんカップ1/2杯、水1ℓを入れ、中火にかけます。煮立ったらフタをして弱火にし、途中で梅干しをほぐしながら、40分ほど煮ます。しょう油大サジ2杯を加え、汁気がなくなるまで、フタをせずに15分ほど煮ます。

〔かつおぶしの佃煮・作り方〕
鍋にダシをとったあとのかつおぶし200g、しょうが1片(せん切り)、みりんカップ1/2杯、水カップ3杯を入れ、中火にかけます。煮立ったら弱火にしてフタをし、ときどき混ぜながら10分ほど煮ます。しょう油大サジ2杯を加え、汁気がなくなるまでフタをせずに煮て、白炒りごま大サジ2杯を振ります。

簡単いりこダシ

時間をおくだけでとれる水ダシがあると、忙しいときに重宝します。いりこダシは、コクと風味が強く、すっきりとした味わいです。

〔いりこ水ダシ・作り方〕
容器に、いりこ(ワタ、エラなどを取ったもの)10g、昆布5cm角1枚、水1ℓを入れ、冷蔵庫で一晩おき、昆布を取り出します。冷蔵庫で3日間保存できます。

わたなべ まき
旬の食材を生かした、作りやすくてていねいなレシピが人気。女性らしいナチュラルなライフスタイルにもファンが多い。今回紹介した「重ね蒸し」や「冷凍保存」のような、少ない手間と時間で作れる、工夫を凝らしたレシピを多数考案している。

メインおかず　上田淳子さん

チキンソテー

絶妙な塩加減、カリッと香ばしい皮面がポイント。青菜をたっぷり添えて。

材料（2人分）
◎主材料

● 鶏もも肉
大1枚（300g）

● 小松菜
200g

◎その他の材料
・にんにく…小1片（うす切り）・塩…小サジ1/2杯 ・コショー…少々 ・小麦粉…適量 ・サラダ油…小サジ1杯 ・オリーブ油…小サジ2杯

❶ 鶏肉の下準備

鶏肉はヨコ半分に切り、厚い部分は庖丁をねかせて切り込みを入れ、開きます。塩を両面にすり込み、身側にコショーを振ります。皮面に小麦粉をつけ、はたいて余分な粉を落とします。

❷ 焼く

冷たいフライパンにサラダ油をひきます。1の皮面を下に置き、鍋底に貼りつけるように、上から手でのばします。中火にかけ、チリチリと音がしたら弱火にし、厚みの2/3に火が入るまで、動かさずに7分ほど、香ばしく焼きます。しみ出た脂はキッチンペーパーで拭き取ります。

❸ 小松菜を蒸す

小松菜は長さ4cmに切ります。鍋ににんにく、オリーブ油を入れて中火にかけ、香りが立ったら小松菜、水大サジ2杯を加えてフタをし、3～4分蒸します。塩・コショー少々（分量外）を振ります。

❹ 仕上げ

2の肉を返し、火が通るまで2～3分焼きます。汁気をきった3と盛りつけます。

クイック&おいしさの理由

鶏肉の脂を利用して焼くので、脂肪の部分を除く必要はありません。皮面を鍋底に貼りつけ、動かさずに焼きます。

メインおかず　上田淳子さん

ステークアッシェ

牛ひき肉を丸く整えて焼くだけの、いわばステーキ。粒マスタードがよく合います。

材料（2人分）
◎主材料

● 牛赤身ひき肉 200g

● 粒マスタード 適量

◎その他の材料
- クレソン…1束（50g）
- 塩…小サジ1/3杯
- コショー…少々
- サラダ油…小サジ1杯
- 赤ワインビネガー（または酢）
  …小サジ1杯弱
- オリーブ油…大サジ1/2杯

❶ クレソンの下準備
クレソンは食べやすくちぎって水に放し、パリッとしたら水気をしっかりきります。

❷ ひき肉を成形する
ひき肉を2等分し、肉をつぶさないように、厚さ2cmの楕円形に整えます。両面に塩・コショーを振ります。

❸ 焼く
フライパンを中火で熱してサラダ油をひき、2を入れます。片面1分半〜2分をめやすに、動かさずに両面を焼きます。牛肉なので、赤みが残る焼き上がりでかまいません。

❹ 仕上げ
ボールに塩・コショー少々（分量外）、ワインビネガー、オリーブ油、クレソンを入れ、さっと和えます。3と盛り合わせ、粒マスタードを添えます。

15分

クイック&おいしさの理由
フランスでは子ども用のステーキとしておなじみのメニュー。ハンバーグとは違い、肉そのものを味わう料理です。肉汁を閉じ込めるため、表面のみをギュッと押さえて成形します。

❷

里いもとチーズの揚げもの

ねっとりした里いもの中に、チーズをしのばせた簡単揚げもの。

材料（2人分）
◎主材料

- 里いも 6〜7コ
- プロセスチーズ 40g

◎その他の材料
- 塩、コショー…各適量
- 片栗粉…適量
- 揚げ油…適量

❶ 下準備

里いもは皮つきのまましっかり洗い、耐熱皿にのせてふんわりラップをします。竹串がスッと通り、楽につぶせる柔らかさになるまで、600Wの電子レンジに10分ほどかけます。ラップをしたままおき、粗熱が取れたら、手で皮をむきます。チーズは6等分に切ります。

❷ 成形する

里いもをボールに入れ、木ベラなどでなめらかにつぶし、塩小サジ1/3杯、コショー少々を混ぜます。6等分にし、中心にチーズを入れ、表面がベタついても気にせずざっとまとめ、片栗粉をまんべんなくまぶして丸めます。

❸ 揚げる

鍋に、2の高さ半分位まで油を入れ、190℃に熱します。2を入れて中火にし、触らずに1分ほど揚げ、上下を返してさらに1分、全体をカラリと揚げます。

〈こんなふうにも〉
チーズの代わりに、塩気とうま味のあるしらすやハム、明太子などを入れても。

クイック＆おいしさの理由

コロッケが食べたいけれど「そんな時間も気力もない」というときに編み出したメニューだそう。里いもの粘り気で片栗粉がつくので、衣づけが簡単。粉はしっかりまぶし、カリッとした食感にします。

メインおかず　上田淳子さん

セロリ入り揚げ焼き餃子

カレー粉が香る変わり餃子。皮を半分に折るだけで、手早く包めます。

材料（2人分）
◎主材料

● 合いびき肉 200g
● セロリ 100g

◎その他の材料
- 餃子の皮…1袋（24枚）
- カレー粉…大サジ1/2杯
- 塩…小サジ1/3杯
- サラダ油…適量

❶ あんを作る
ボールに合いびき肉、カレー粉、塩を入れて軽く練り混ぜます。セロリは葉も含めて粗いみじん切りにし、ボールに加え、均一になるまで混ぜます。

❷ 包む
皮に1を大サジ1/2杯ほどのせ、周囲に水をつけます。空気を抜き半分に折り、周囲をぴったりつけてすき間なく閉じます。

❸ 焼く
サラダ油をフライパンに深さ1cmほど入れ、中火にかけます。油が温まったら、2を重ならない数だけ並べ、片面2分半をめやすに両面をこんがり焼いてアミに上げます。残りも同様に焼きます。

クイック＆おいしさの理由

具材は2種のみですが、それぞれ個性が強いので、充分に風味豊か。個性を生かすために、セロリは食感の生きる粗みじんに切り、調味料はまず肉のみになじませます。揚げ焼きは焼き餃子に比べ、手早くカリッと仕上げられる方法です。

20分

メインおかず　上田淳子さん

プチソーセージのトマトソース

ソーセージの作り方を応用したレシピ。トマトソースをたっぷりかけて。

材料（2人分）
◎主材料

● 豚ひき肉 200g

● トマトの水煮（ダイス） 1/2缶（200g）

◎その他の材料
- にんにく…小1片（つぶす）
- オリーブ油…大サジ1と1/2杯
- サラダ油…小サジ1杯
- A 塩…小サジ1/3杯
- 砂糖…小サジ1/2杯
- コショー…適量

❶ ソースを作る

鍋にオリーブ油、にんにくを入れて弱めの中火にかけ、にんにくが軽く色づいたらトマトの水煮を加え、煮立てます。焦がさないようときどき混ぜながら5分ほど煮て、塩（分量外）で味をととのえます。

❷ タネを作る

ポリ袋にひき肉、A、氷2コを入れ、袋の上からよく揉みます。充分に粘りが出たら氷を取り除き、タネを袋から出して10等分にし、短めのソーセージ状に形作ります。

❸ 焼く

フライパンを中火で熱してサラダ油をひきます。2を入れ、こんがりと焼き色がつくまで、転がしながら3〜4分焼きます。器に盛り、1をかけます。

20分

クイック＆おいしさの理由

氷でひき肉を冷やし、脂が溶け出すのを防ぎながら練ると、弾力が出て、焼いたときに肉汁があふれる仕上がりに。袋の内側が脂で白っぽくなるまで、よくよく練りましょう。

❷

メカジキのスパイス焼き

脂ののったメカジキのエスニックなソテー。おつまみにもぴったりです。

材料（2人分）
◎主材料

- メカジキ
  2切れ

◎その他の材料
- レモン…1/4コ
- サラダ油…大サジ1杯
- A
  - しょうが、にんにく
    …各小サジ1/2杯（すりおろし）
  - サラダ油…小サジ1/2杯
  - カレー粉…小サジ1/4杯
  - クミンシード…小サジ1/4杯
  - 塩…小サジ1/4杯弱

❶ メカジキを切る
メカジキは食べやすい大きさに切ります。

❷ スパイス液に漬け込む
ボールにAを混ぜ合わせ、メカジキを加えてまぶし、10分おきます。

❸ 焼く
フライパンにサラダ油を中火で熱し、メカジキを入れて2分ほど焼きます。裏面に焼き色がついたら返し、さらに2分ほど焼いて火を通します。

❹ 仕上げ
器に盛り、レモンを2等分のクシ形に切って添えます。

クイック＆おいしさの理由

短時間でも、メカジキをスパイス液に漬け込んでから焼くと、味がなじみ、香りよく仕上がります。ボールの中でスパイス液をまんべんなくまぶすのがポイントです。

メインおかず　前沢リカさん

麻婆白菜

豆板醤の辛味をほんのりと効かせた、中華風のお惣菜です。

材料（2人分）
◎主材料

● 豚ひき肉 80g
● 白菜 大1枚（100g）
● 春雨 50g

◎その他の材料
- サラダ油…大サジ1杯
- しょう油…大サジ1杯
- ごま油…小サジ2杯
- 水…カップ1と1/4杯
- A ┌ 長ねぎ…5cm（みじん切り）
  │ にんにく…1片（みじん切り）
  │ しょうが…小サジ1杯（みじん切り）
  └ 豆板醤…小サジ1/4杯

❶ 材料を切る

白菜は、葉を食べやすい大きさに切り、芯はセンイにそって長さ3cm、幅1cm位の棒状に切ります。春雨は乾燥した状態で、食べやすい長さにはさみで切ります。

❷ 豚ひき肉を炒める

フライパンにサラダ油をひき、Aを入れて弱火で炒めます。香りが立ったら中火にし、ひき肉を加えて木ベラでほぐしながら炒めます。

❸ 煮る

ひき肉がポロポロにほぐれ、色が白っぽく変わったら、水、しょう油、春雨、白菜を加えます。ときおり混ぜながら、白菜に火が通り、春雨が柔らかくなるまで7～8分煮ます。

❹ 仕上げ

ごま油を加え、ざっと混ぜます。

クイック＆おいしさの理由

春雨は、もどさずにそのまま煮汁に加えます。調理時間を短縮できるだけでなく、シコシコとしたほどよい歯ごたえに仕上がり、食感にアクセントが生まれます。

メインおかず　前沢リカさん

牛肉と白滝の炒め煮

ご飯によく合う、すき焼き風の甘辛いおかずです。

材料（2人分）
◎主材料

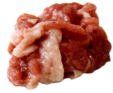
● 牛切り落とし肉 100g

● 白滝 100g

● 玉ねぎ 1/4コ

◎その他の材料
- サラダ油…大サジ1杯
- A
  - 日本酒…カップ1/4杯
  - 砂糖…大サジ1と1/2杯
  - しょう油…大サジ1と1/2杯

❶ 材料を切る
牛肉は食べやすい大きさに切ります。白滝はさっと洗ってザルに上げ、水気をきって、食べやすい長さに切ります。玉ねぎはセンイにそって、幅8mmに切ります。

❷ 炒める
鍋にサラダ油を中火で熱し、牛肉を入れて炒めます。牛肉がほぐれたら、白滝、玉ねぎを加えて、ざっと炒めます。

❸ 煮る
Aを加え、7～8分煮て、白滝が煮汁にうすく染まったら火を止めます。

〈こんなふうにも〉
好みで、一味や七味唐辛子、粉山椒などを振っても。味の変化が楽しめます。

20分

クイック＆おいしさの理由
火を止めるタイミングは、白滝の色を見て判断します。白滝が煮汁の色にうすく染まるまで煮ると、甘辛味をしっかりと含ませることができます。

③

メインおかず　前沢リカさん

豚肉とりんごの甘酢炒め

食べごたえのある豚肉ソテー。さわやかなりんごの香りを楽しみます。

材料（2〜3人分）

◎主材料

- 豚肩ロースブロック肉 300g
- りんご 1/4コ

◎その他の材料

A
- 甜麺醤（テンメンジャン）…大サジ1杯
- 紹興酒…大サジ1杯
- 黒酢…大サジ1杯
- 砂糖…大サジ1杯
- しょう油…小サジ1杯
- 塩、コショー…各少々
- サラダ油…大サジ1杯

❶ 調味料を合わせる

ボールにAを混ぜ合わせます。

❷ 材料を切る

豚肉は厚さ1cm位の食べやすい大きさに切り、両面に塩・コショーします。りんごはよく洗い、皮つきのままヨコ半分にし、厚さ7mmに切ります。

❸ 豚肉を焼く

フライパンにサラダ油を中火で熱し、豚肉を入れて、両面を焼きます。豚肉の色が白っぽく変わり、火が通ったら、キッチンペーパーでフライパンの脂を拭き取ります。

❹ 仕上げ

3にりんごを加えて1をまわしかけ、1分ほど炒めて味をからませます。

〈こんなふうにも〉
りんごの代わりに、柿やぶどうでもおいしく作れます。また、甜麺醤は赤みそで、紹興酒は日本酒で代用できます。

15分

クイック&おいしさの理由

りんごを加えたら、すぐに合わせ調味料をまわしかけ、手早く仕上げます。りんごに火を通し過ぎると、皮の色があせ、食感が悪くなるので注意しましょう。

お麩とねぎの玉子とじ

小町麩はもどさずに煮て、ダシをたっぷり含ませます。

材料（2～3人分）
◎主材料

- 小町麩 20コ（10g）
- 長ねぎ 10cm
- 溶き玉子 2コ分

◎その他の材料
A
- ダシ…カップ1と1/4杯
- みりん…大サジ2杯
- しょう油…大サジ1杯

❶ 長ねぎを切る
長ねぎはタテ半分に切り、幅1cmの斜め切りにします。

❷ 煮る
鍋にAを入れ、中火にかけます。煮立ったら、小町麩、長ねぎを加えて、3分ほど煮ます。

❸ 玉子でとじる
小町麩が煮汁を吸ってふっくらとしたら、溶き玉子を全体にまわしかけます。30秒ほど火にかけ、フタをして弱火にし、2分蒸し煮にしたら出来上がりです。

10分

クイック&おいしさの理由
溶き玉子の表面が少し白っぽく変わったら、フタをして蒸し煮にして、半熟の状態で火を止めます。外側はふっくらと柔らか、中身はトロリとした食感に仕上がります。

わが家のクイックアイデア
上田淳子さん

「ごはんを作り続けるにはほどよくいい加減でいることが大切だと思います。手間を省いても、そのメニューに幸せ感が漂っていれば、家族は満足してくれます」

具材を引き算して手間を少なく

具材が少なければ、自然と手間が少なくなります。たとえば「茶碗蒸し」（96頁）は、「味わいたいのはぷるんとした食感」と割り切り、わが家では具を入れずに作ります。「あんかけ焼きそば」（121頁）も、八宝菜のような具だくさんのイメージがありますが、たんぱく質が1種に、「シャキシャキ」「しんなり」など食感の違う具材が2種あれば、充分に豊かなひと皿になります。

旬の野菜を取り入れて、脱マンネリ

旬の野菜を使うようにすれば、がんばらなくても食事に変化がつきます。いつもはじゃがいもで作るレシピを里いもに、玉ねぎを長ねぎにしてみたり。同じ青菜のおひたしでも、冬は小松菜、夏はモロヘイヤで作れば、違う料理になります。青菜は年中欠かさない野菜ですが、買ってきたら株元に十字の切り込みを入れ、5分も水に浸せば、シャキッとした食感に。日持ちもよくなるので、すぐに使わない場合にもおすすめです。

家族の「時間差ごはん」に大活躍のひとり用土鍋

「鍋焼きうどん」（120頁）などのひとり用土鍋で作るメニューは、家族がそろわない日の夕食にとても便利。わたしの帰宅が遅い日は、それぞれの鍋に具材をセットして「火にかけて食べてね」と書き置き。みんな温かい料理がうれしいようです。雑炊やキムチチゲもよく作りますし、鍋の日に主人の帰りが遅い場合は、具材をこの土鍋にひとり分移しておくこともあります。

うえだ　じゅんこ
大学生になる双子の息子さんとご主人の4人暮らし。スイスやフランスで料理修業後、帰国しシェフパティシエを経て料理研究家に。「料理経験が吹き飛ぶ」くらいに大変だった、幼い双子への食事作りの経験を生かし、明快で手早いレシピを提案。

具だくさんの汁ものを2日分仕込みます

冬は汁ものをたっぷり作り、食べきったらまた仕込む、のくり返し。食卓に温かい汁ものがあるだけで幸せですし、具だくさんだから、おかずひと品分の役割も果たします。具材はその日にあるものを自由に。豚肉入りのみそ汁に、少しだけ酒粕を溶き入れ、身体が温まるひと椀にしたりもします。けんちん汁やミネストローネもよく作ります。

わが家のクイックアイデア

前沢リカさん

「明日の自分のために、今日、ちょっとやっておく。水出しのダシも干し野菜も、そんな小さな準備のうちのひとつです。これだけで、次の食事作りがとても楽になるのです」

水出しでダシがとれます

乾物は、水につけておくだけで、味わい深いダシをとることができます。昆布や椎茸、それから、切り干し大根もおすすめ。乾物は1種類でも充分おいしいですが、複数を組み合わせるとうま味がかけ合わされて、味に奥行きが生まれます。作り方は、水1.5ℓに、乾物を合わせて20gになるように用意して入れ、冷蔵庫で8時間ほどおくだけ。もどしたそれぞれの乾物も、料理の具材として使っています。

余った野菜は数時間干し、「日々の保存食」に

冬は野菜を干すのによい季節。数時間、陽にあてるだけで、うま味が凝縮され、いつもの料理がぐっとおいしくなります。たとえば、白菜なら1枚ずつ並べ、大根なら厚さ4cm位の輪切りにして干します。しょうがのうす切りや国産レモンの皮を干したものは、紅茶用。りんごのスライスもおすすめです。余った食材を使って、ちょっと時間があるときに。「日々の保存食」と呼んでいます。

乾物を半調理して常備。いろいろな料理に展開できます

ひじきや切り干し大根などの乾物は、水でもどしてさっとゆで、日本酒としょう油を振った「半調理」の状態で常備しています。冷蔵で1週間はもちますし、使いたいときにパッと使えて、便利ですよ。たとえば、半調理したひじきに、1cm角に切ったトマト、きゅうり、紫玉ねぎ、パプリカ、オリーブ油と白ワインビネガーを加えて混ぜ、イタリアンパセリを散らしたサラダ。そのほか、和えものや炒めもの、チャーハンなど、幅広く展開できます。

まえざわ りか
野菜を使った、繊細な味わいの料理を得意とする。江戸料理の老舗などで修業後、2003年より日本料理店「七草」を営む。17年1月の移転に向け、現在準備中。著作に『野菜の料理教室』『野菜をひと干し きょうの一皿』『うちの乾物料理』ほか。

もどす手間いらずの乾燥豆を使って

乾燥豆は調理に時間がかかる、というイメージがあるかもしれませんが、レンズ豆や打ち豆は水でもどす時間が短く、火も通りやすい、忙しいときにうれしい食材です。レンズ豆はスープやサラダに加えたり、スパイスやハーブで風味をつけた洋風炊き込みご飯の具材にします。打ち豆は、大豆を平たくつぶして乾燥させたものですが、そのままみそ汁の具にしても、さっとゆでて長ねぎ、豚肉と炒め合わせ、塩で調味してもおいしいですよ。栄養豊富でうま味もたっぷり、とても重宝しています。

メインおかず 大庭英子さん

ひき肉ともやしのカレー炒め

もやしのシャキシャキ感を生かします。ご飯が進むカレーしょう油味です。

材料（2〜3人分）
◎主材料

- ●豚ひき肉 150g
- ●もやし 1袋（250g）

◎その他の材料
- サラダ油…大サジ1/2杯
- カレー粉…小サジ2杯
- 日本酒…大サジ1杯
- しょう油…大サジ1杯
- 塩、コショー…各少々

❶ 下準備
もやしは洗って、サラダスピナーなどで水気をよくきります。

❷ ひき肉を炒める
フライパンにサラダ油をひいて中火にかけ、ひき肉を入れて、ポロポロになるまで炒めます。

❸ もやしを加えて炒める
もやしを加えて強火にし、利き手に菜箸、もう片方の手に木ベラを持って、両手を使って返しながら、10〜20秒炒めます。

❹ 仕上げ
カレー粉を振って炒め、日本酒、しょう油、塩・コショーを加え、両手でさっと炒め合わせて火を止めます。

10分

クイック＆おいしさの理由
もやしとひき肉は、切る必要がないので、短い時間で調理できます。もやしを加えたら、強火で短時間で火を通すと、シャキシャキとした食感に。そのために両手を使って手早く炒めます。

メインおかず 大庭英子さん

15分

豚肉とわけぎのピザ風

ごま油としょう油の香ばしい風味。たっぷりのわけぎがポイントです。

材料（2人分）
◎主材料

● 豚ももうす切り肉 200g

● わけぎ 100g

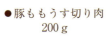

● ピザ用チーズ 80g

◎その他の材料
・日本酒…大サジ1/2杯
・ごま油…大サジ1/2杯
・しょう油…大サジ1/2杯
・塩、コショー…各少々

❶ 下準備

ボールに豚肉を入れ、日本酒、ごま油、しょう油を加えてからめます。わけぎは小口切りにします。

❷ 天板に並べる

オーブントースターの天板全体に、豚肉の端を少し重ねながらしき詰めます。わけぎをのせ、軽く塩・コショーをして、チーズを散らします。

❸ 焼く

オーブントースターに入れて、表面に焼き色がつくまで10分ほど焼きます。取り出して、食べやすく切ります。

クイック＆おいしさの理由

天板に肉をしき詰めて焼くと、肉の重なった部分がくっついて、1枚のピザのように焼き上がります。肉にごま油をからめてあるので、すぐ高温になりやすく、短い時間で焼き上がります。

63

メインおかず　大庭英子さん

20分

炒り鶏
根菜がしみじみおいしい、ごくシンプルな炒り鶏です。

材料（2〜3人分）
◎主材料

● 鶏もも肉 1枚

● にんじん 小1本

● れんこん 1節（200g）

◎その他の材料
- サラダ油…大サジ1/2杯
- 日本酒…大サジ2杯
- みりん…大サジ2杯
- 砂糖…小サジ1杯
- しょう油…大サジ2杯
- 白炒りごま…少々
- 水…カップ1/3杯

❶ 下準備
鶏もも肉は3cm角に切ります。にんじんは皮をむいて小さめの乱切りにします。れんこんは皮をむいてタテ4等分に切り、ひと口大の乱切りにして水でさっと洗い、キッチンペーパーで水気を拭き取ります。

❷ 炒める
フライパンにサラダ油をひいて中火にかけ、鶏肉の両面を色よく焼きます。にんじん、れんこんを加えてさっと炒めます。

❸ 煮る
日本酒、水を加え、煮立ったら、みりん、砂糖を加えて混ぜます。弱火にし、フタをして8分ほど煮ます。

❹ 仕上げ
しょう油を加えて混ぜ、フタをして6〜7分煮ます。フタを取り、中火にして汁気をとばし、ごまを振って器に盛ります。

クイック＆おいしさの理由
野菜を乱切りにすると表面積が大きくなり、火が通りやすくなります。炒めてから煮ることで、短時間で仕上がります。

メインおかず　大庭英子さん

白菜と豚肉の豆乳鍋

白菜と豚肉のうま味が溶け出した、まろやかなスープです。

材料（2人分）
◎主材料

● 豚ロースうす切り肉
（しゃぶしゃぶ用）
120g

● 白菜
200g

● 豆乳
（成分無調整）
カップ1杯

◎その他の材料
- ダシ…カップ2杯
- 日本酒…大サジ2杯
- 塩…小サジ2/3杯
- 粗挽き黒コショー…少々

❶ 白菜を切る
白菜は大きなものはタテ半分に切り、センイを断つようにして幅1cmに切ります。

❷ 煮る
鍋にダシを入れて中火で煮立て、白菜を加えます。再び煮立ったら弱火にし、フタをして10分ほど煮ます。

❸ 仕上げ
フタを取って中火にし、豚肉を広げて白菜の上にのせます。日本酒を振り、フタをして2分ほど蒸し煮にし、肉に火を通します。塩、豆乳を加えてひと煮立ちさせます。器に盛り、コショーを振ります。

15分

クイック&おいしさの理由

白菜のセンイを断つようにして細く切ると、火の通りが早くなり、柔らかい食感に仕上がります。また、白菜の風味が汁によく溶け出します。

❶

メインおかず　大庭英子さん

長いもの肉巻き照り焼き

シャキシャキとした大ぶりの長いもを肉で巻いた、満足感のあるおかずです。

材料（2人分）
◎主材料

● 長いも 300g

● 豚ももうす切り肉 200g

◎その他の材料
- 片栗粉…適量
- サラダ油…大サジ1杯
- 日本酒…大サジ2杯
- みりん…大サジ2杯
- 砂糖…小サジ2杯
- しょう油…大サジ1と1/2〜2杯
- 七味唐辛子…少々

❶ 長いもを切る

長いもは皮をむいて長さ5cmに切り、タテに厚さ1cmに切ります。

❷ 肉で巻く

豚肉1枚をタテ長に広げ、手前に長いもを1切れのせて、手前から巻きます。残りも同様に巻き、肉の表面に片栗粉をうすくまぶします。

❸ 焼く

フライパンにサラダ油をひいて中火にかけ、肉の巻き終わりを下にして入れます。両面を色よく焼いたら、フタをして弱火にし、2分ほど蒸し焼きにします。

❹ 仕上げ

火を止めて日本酒を振り、みりん、砂糖、しょう油を加え、弱めの中火にかけます。フライパンをゆすって調味料をからめ、さらに裏返してよくからめます。器に盛り、七味唐辛子を振ります。

20分

クイック&おいしさの理由

長いもは火が通らなくても食べられるので、厚めに切ってボリュームを出し、歯ごたえを楽しみましょう。平らに切ると、肉で巻きやすく、火にあたる面が大きいので、肉に火が通りやすくなります。

メインおかず　大庭英子さん

15分

鶏肉とエリンギのクリーム煮

バターと白ワインを加えることで、鶏ときのこの風味がより濃厚に。

材料（2人分）
◎主材料

● 鶏もも肉 1枚
● エリンギ 大2本
● 牛乳 カップ1/2杯

◎その他の材料
- 塩、粗挽き黒コショー…各適量
- 薄力粉…大サジ2杯
- サラダ油…大サジ1/2杯
- バター…大サジ1杯
- 白ワイン…大サジ2杯

❶ 下準備

鶏肉は3〜4cm角に切り、両面に塩・コショー少々を振ります。エリンギは石突きを落としてタテに四つ割りにし、長さ半分に切ります。

❷ 焼く

鶏肉に薄力粉をまぶします。フライパンにサラダ油をひいて弱めの中火にかけ、鶏肉を入れて両面を色よく焼きつけます。バターを加えて溶かし、エリンギを加えて少ししんなりするまで炒めます。

❸ 蒸し煮にする

白ワインを加えて混ぜ、フタをして弱火にし、5〜6分蒸し煮にします。

❹ 仕上げ

牛乳を加え、塩小サジ1/4杯、コショー少々で味をととのえます。弱めの中火にしてひと煮立ちさせ、器に盛ります。

クイック＆おいしさの理由

鶏肉に薄力粉をつけて焼くと、肉がコーティングされて、ぱさつかずにしっとりとした口あたりに。また、ほどよいトロミがついてクリーミーに仕上がります。

メインおかず　　冷水希三子さん

15分

ブリのバルサミコ照り焼き

タレにバルサミコ酢を加えた、さわやかな甘さの照り焼きです。

材料（2人分）
◎主材料

●ブリ 2切れ

●ほうれん草 1/2束

◎その他の材料
- 塩…適量　・バター…15g
- 薄力粉…適量
- 太白ごま油（香りのうすい油で代用可）
  …大サジ2杯
- A ・日本酒…大サジ2杯
  ・しょう油…大サジ1杯
  ・バルサミコ酢…大サジ1杯

❶ 下準備
ブリは両面に塩少々を振ります。ほうれん草は茎と葉に切り分けます。

❷ ほうれん草を蒸す
フライパンにほうれん草の茎を広げて入れ、上に葉を広げてのせます。バターをちぎってところどころにのせ、水大サジ1杯を振り、中火にかけてフタをします。ほうれん草が柔らかくなるまで3〜4分蒸し、火を止めて器に取り出します。

❸ ブリを焼く
フライパンを拭きます。ブリの水気を拭き取って薄力粉をつけ、はたいて余分な粉を落とします。フライパンに太白ごま油を弱めの中火で熱し、ブリの両面をきつね色になるまで焼きます。

❹ 仕上げ
フライパンの油を拭き取り、合わせたAを加えます。煮詰めながらブリにからめ、トロミが出てきたら火を止めます。

〈こんなふうにも〉
バルサミコ酢は商品によって酸味が強いものがあります。加える前に味をみて、酸っぱく感じたら、Aに砂糖少々を加えてもよいでしょう。

クイック＆おいしさの理由

脂ののったブリが、バルサミコ酢を加えたタレと煮からめることで、さっぱりとした味わいになります。甘味とコクも加わり、奥行きのあるおいしさです。

メインおかず 冷水希三子さん

牛肉と椎茸のステーキ
赤玉ねぎ入りのドレッシングで、いつものステーキが絶妙なおいしさに。

材料（2人分）
◎主材料

● 牛ステーキ肉 2枚

● 椎茸 4～6枚

◎その他の材料
A ・赤玉ねぎ…大サジ3杯（みじん切り）
・赤ワインビネガー、エキストラバージンオリーブ油…各大サジ1杯
・塩…小サジ1/4杯
・エキストラバージンオリーブ油、塩…各適量
・日本酒…少々

❶ 下準備
Aを混ぜ合わせてドレッシングを作ります。椎茸は石突きを落とします。

❷ 椎茸を焼く
フライパンにオリーブ油少々をひき、椎茸をカサが下になるように並べて、カサのくぼみに塩少々、日本酒を振ります。弱めの中火にかけてフタをし、火が通るまで3～5分焼き、火を止めて器に取り出します。

❸ 牛肉を焼く
フライパンを拭いてオリーブ油適量をひき、中火にかけます。牛肉の片面に塩適量を振り、その面を下にしてフライパンに並べ、好みの加減で焼きます。上の面に塩適量を振って返し、さっと焼いて器にのせ、1のドレッシングをかけます。

〈こんなふうにも〉
あれば、パセリのみじん切りをドレッシングに加えると、いっそう風味豊かになります。

クイック＆おいしさの理由
牛肉と椎茸、ふたつのうま味を楽しめるひと品です。さらに、ドレッシングの酸味と香味が加わり、それぞれのうま味がより引き立ちます。

15分

冷水希三子さん

鶏とカリフラワーの蒸し煮

鶏の香ばしさ、野菜の甘味に、ローリエの豊かな香りが溶け合います。

材料（2人分）
◎主材料

- 鶏もも肉　1枚
- カリフラワー　1/2コ
- じゃがいも　1コ

◎その他の材料
- 塩…適量
- オリーブ油…大サジ1/2杯
- ローリエ…1〜2枚
- バター…15g
- 柚子こしょう…適量
- 水…カップ1/2杯

20分

❶ 下準備
鶏肉は余分な脂身を取り除いてヨコ半分に切り、2枚の両面に塩を1つまみずつ振ります。じゃがいもは皮をむいて厚さ3mm位のうす切りにし、水にさらします。カリフラワーは小さめのひと口大に切ります。

❷ 鶏肉を焼く
厚手の鍋にオリーブ油をひき、鶏肉を皮面を下にして入れて、強めの中火にかけます。皮面が鍋底に貼りつかないよう、ときどき持ち上げながら焼き、きつね色になったら火を止めて取り出します。

❸ 蒸し煮にする
鍋底を拭き、水気をきったじゃがいも、カリフラワー、ローリエ、水を順に入れます。塩少々を振り、バターをちぎってところどころにのせ、上に鶏肉を戻し入れます。中火にかけ、煮立ったらフタをして弱火にし、10分蒸し煮にします。

❹ 仕上げ
器に盛りつけ、柚子こしょうを添えます。

クイック＆おいしさの理由
鶏肉をこんがりと焼いてから蒸し煮にすると、香ばしさが加わります。焼くときは、鍋に鶏肉を入れてから火にかけ、ときどき持ち上げて動かすと、皮面が鍋底に貼りつきにくくなります。

メインおかず　冷水希三子さん

トマトとエビの玉子炒め

トマトは強火で火を通し、玉子とさっと和えて仕上げます。

材料（2人分）
◎主材料

● 玉子 3コ
● むきエビ 50g
● トマト 2コ

◎その他の材料
・長ねぎ…5cm　・しょうが…1片
・塩…少々　・太白ごま油（香りのうすい油で代用可）…適量
A ・日本酒…大サジ1杯　・酢…小サジ1杯　・塩…小サジ$\frac{1}{2}$杯　・砂糖…小サジ$\frac{1}{4}$杯

❶ 下準備
トマトはヘタを取り、反対側に切り込みを入れます。鍋に湯を沸かし、トマトをさっと浸して（a）冷水に取り、切り込みから皮をむいて（b）8等分のクシ形に切ります。エビは背ワタを取り、塩少々を振って揉み、流水で洗って水気を拭き取ります。長ねぎ、しょうがはみじん切りにします。

❷ 玉子を焼く
ボールに玉子を割り入れて塩少々を加え、菜箸でよく溶き混ぜます。中華鍋または深めのフライパンに、太白ごま油大サジ1と$\frac{1}{2}$杯を入れて強火にかけます。油が充分に熱くなったら溶き玉子を流し入れ、半熟に焼いて取り出します。

❸ エビとトマトを炒める
中華鍋に太白ごま油大サジ$\frac{1}{2}$杯を足して中火にし、長ねぎ、しょうが、エビを炒めます。エビの色が変わったら、トマト、Aを加えて強火にし、トマトに火が通るまで手早く炒めます。火を止めて玉子を戻し入れ、さっと和えます。

クイック＆おいしさの理由
トマトは口あたりよく仕上げるために、皮を湯むきして使います。手順1のようにすると、切り込みから簡単に皮をむくことができます。

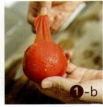

メインおかず　冷水希三子さん

豆腐のそぼろあんとじ

味つけは塩のみ。鶏ひき肉の澄んだダシと、豆腐の味わいが生きています。

材料（2人分）
◎主材料

● 豆腐
1丁（300g）

● 鶏ひき肉
150g

◎その他の材料
- しょうが…1片（みじん切り）
- 長ねぎ…5cm（みじん切り）
- 太白ごま油…大サジ1/2杯
- 塩…適量
- 日本酒…大サジ2杯
- 片栗粉…大サジ1杯（大サジ1と1/2杯の水で溶く）
- 水…カップ1と1/2杯

❶ ひき肉を炒める

鍋に太白ごま油をひいて中火にかけ、鶏ひき肉を入れます。ほぐさずに、ヘラで4等分位に切って焼き（a）、裏面の色が変わったら返します。しょうが、長ねぎ、塩少々を加えて炒め合わせ（b）、ひき肉がほぐれたら、日本酒を加えます。

❷ 豆腐を加えて煮る

水分が半分位になるまで煮たら、水を加えます。煮立ったらアクを取り、豆腐を8等分位におおまかにちぎって加えます。豆腐に火が通るまで、5分ほど煮ます。

❸ 仕上げ

2、3度味見をし、塩で味をととのえます。いったん火を止めて水溶き片栗粉をまわし入れ、再び中火にかけて軽く混ぜ、トロミがついたら火を止めます。

〈こんなふうにも〉
ごま油や黒七味唐辛子をアクセントにしたり、しょうがのすりおろしを添えても。

20分

クイック＆おいしさの理由

鶏ひき肉は、はじめはかたまりのまま焼くと、こんがりと焼き色がつき、香ばしさが出ます。しょうが、長ねぎを加えてから炒め合わせると、ぼろぼろとすぐにくずれます。

❶a

❶b

わが家のクイックアイデア
冷水希三子さん

「季節の味わいを大切に、素材が互いに引き立て合う新鮮な組み合わせを考えて料理しています。スパイスやナッツは、料理に複雑なおいしさを与えてくれる名脇役です」

スパイスをプラスして、奥深いおいしさに

わたしは、旅先で触れたさまざまなスパイスを常備して、レシピに生かしています。シンプルな料理は、スパイスをほんの少し加えるだけで、違った味わいを楽しめます。今回ご紹介した料理なら、「鶏とカリフラワーの蒸し煮」(70頁)は、ローリエの香りがおいしさの決め手。これに、シナモンスティックやクローブを加えると、さらに奥深い味わいに。「きゅうりのアグロドルチェ」(98頁)には、コリアンダーシードがよく合います。

ナッツでアクセントを加えます

スパイスと同様、ナッツも数種類を常備し、サラダにトッピングしたり、煮込み料理に加えたりと、料理のアクセントとしてよく使います。今回のレシピなら、「ワカメとトマトのポキ丼風」(127頁)に砕いたピーナッツをトッピングしたり、「キャベツのクミンソテー」(98頁)にカシューナッツを加えるのがおすすめ。甘味や香ばしさが加わって、複雑なおいしさを手軽に楽しめます。

短時間の料理にも便利な厚手の鍋

厚手の鋳物鍋というと、煮込みに使う印象が強いかもしれませんが、実は、短時間の蒸し煮にとても便利です。野菜の蒸し煮には直径18cm位が、野菜と肉を一緒に蒸し煮にする料理には、直径22cm位が適しています。鍋ごと食卓に出すときは、オーバル型が場所を取りません。

便利な作りおき、にんにくじょう油

「ワカメとトマトのポキ丼風」は、しょう油ににんにくを加えたタレを使いますが、作りおきのにんにくじょう油があれば、より手早く作れます。レシピはとても簡単。にんにく1コの皮をむいてタテ半分に切り、芯を取り除きます。煮沸消毒した保存ビンに入れて、しょう油80mℓ位を注ぎ、冷蔵庫へ。2日後位から使えます。炒めものの風味づけに使ったり、ステーキのソースに使ってわさびを添えるとよく合います。

ひやみず きみこ
レストランやカフェの勤務を経て、フードコーディネーターとして独立。レシピの制作、料理のスタイリングも手掛け、季節の素材を生かしたシンプルな料理に定評がある。著作に『ONE PLATE OF SEASONS—四季の皿』『ハーブのサラダ』など。

わが家のクイックアイデア
大庭英子さん

「食材の選び方や、食材に適した切り方、火の通し方に工夫をすれば、手間や時間を省いても、きちんとおいしく仕上がります」

火を通さずに食べられる食材、切らなくてもいい食材

手早く仕上げるには、素材選びも重要。生で食べられる長いも、水菜、豆苗、クレソン、せりなどは、火を通す手間がかかりません。また、ひき肉、もやし、市販のミックス野菜（レタスやにんじんなどがカットされたもの）などは、そのまま加熱できるので、切る手間が省けます。

副菜は野菜1種類で作ります

1人分、2人分を作る場合は、野菜が使いきれずに半端に余ってしまいがちです。少人数分を作るときは、複数の種類の野菜を使うのではなく、1種類の野菜をたっぷり使うようにします。今回は、そのような副菜（100〜102頁）をご紹介しました。調理の手間も少なく済み、冷蔵庫もすっきりします。

ゆでるより、焼く

たとえば、ブロッコリーを加熱するとき、ゆでる場合は湯を沸かす時間がかかります。「焼きブロッコリー」（100頁）のように、均一の厚さに切ってそのまま焼けば、短時間で仕上がりますし、ゆでたものにはない香ばしさも楽しめます。同じように玉子も、ゆで玉子より、炒り玉子のほうが早く仕上がります。

あると重宝するフレンチドレッシング

手軽に作れて、野菜にかけたり、和えるだけで味が決まるドレッシングと、それを使ったひと品をご紹介します。

〔フレンチドレッシング・作り方〕
ビンに、塩小サジ1杯、粗挽き黒コショー少々、白ワインビネガーカップ1/3杯を入れてフタをして振り混ぜ、オリーブ油カップ2/3杯を加え、さらに振り混ぜます。室温で1週間ほど日持ちします。

〔にんじんのマリネサラダ・作り方〕
にんじん2本は皮をむき、スライサーで太めのせん切りにします。フレンチドレッシング大サジ4杯、塩・コショー少々を振って和え、しんなりするまで冷蔵庫で冷やします。器に盛り、好みでローストしたスライスアーモンド少々を散らします。

おおば　えいこ
身近な素材で手軽に作れる、アイデアたっぷりの料理に定評がある。和・洋・中・エスニックのジャンルを超えた幅広いレシピの数々は、どれも自然体のおいしさで、飽きのこない味わい。近著に『ラクラク冷凍レシピ』など。

第2章
サブおかず

野菜たっぷりの副菜を添えれば、
食卓はぐっと豊かになります。
ダシがなくてもさっと作れる、
さまざまなスープもご紹介します。

サブおかず　有元葉子さん

根菜のオイル焼き

シンプルに焼くだけ。皮つきで素材本来の味を生かします。

材料（2人分）
◎主材料

- かぶ 2コ
- れんこん（直径5～6cm）5～6cm
- じゃがいも 小2コ

◎その他の材料
- 塩、黒コショー…各適量
- バルサミコ酢…適量
- オリーブ油…大サジ1杯

❶ 下準備

野菜はすべてよく洗って、皮つきのまま厚さ1cmの輪切りにします。かぶの茎は長さ5cmに切ります。じゃがいもは水に、れんこんは酢水につけてから、キッチンペーパーで水気を拭き取ります。

❷ 焼く

フライパンを弱めの中火にかけ、オリーブ油をひきます。かぶの茎以外の野菜を並べ入れてじっくりと焼き、裏を見て焼き色がついていたら返します。かぶは両面とも焼き色がついたら焼き上がりです。じゃがいもとれんこんは、竹串などを刺して、スッと通ったら焼き上がりです。最後にかぶの茎をさっと炒めます。

❸ 仕上げ

器に盛り合わせて塩・コショーし、バルサミコ酢をかけていただきます。

〈こんなふうにも〉
上記の味つけのほか、しょう油と黒コショーもおすすめです。

クイック＆おいしさの理由

皮つきの根菜の味を、オリーブ油の風味で引き立てて楽しむシンプルな料理です。香ばしく焼いて、好みの加減で味つけをしていただきます。

サブおかず　有元葉子さん

15分

青菜たっぷりの中華風
みずみずしくてシャキシャキの食感に仕上がります。

材料（2人分）
◎主材料

● ほうれん草 1/2束
● 小松菜 1/2束

◎その他の材料
- にんにく…1片
- ごま油…大サジ2杯
- 塩…1つまみ
- 豆板醤…小サジ1〜2杯
- しょう油…大サジ2杯

❶ 下準備
ほうれん草と小松菜は、根元に下側から十字の切り込みを入れ、しばらく水に浸してパリッとさせ、汚れも落とします。それぞれ長さ3等分位に切り、茎と葉に分けておきます。にんにくはつぶします。

❷ ゆでる
中華鍋か深めのフライパンに強火で湯を沸かし、ごま油大サジ1杯、塩を入れます。1の茎を軽くゆでてアミで引き上げ、葉はさっと湯通しして引き上げます。

❸ 和える
中華鍋の湯を捨てて拭き、にんにく、ごま油大サジ1杯、豆板醤を入れ、強火にかけて炒め、しっかりと香りを立たせます。しょう油を加え、沸いたら火を止めて、野菜を戻し入れて手早く和えます。

〈こんなふうにも〉
ブロッコリーやスナップえんどう、キャベツなどを使うと、また違った食感と風味を楽しめます。

クイック＆おいしさの理由
家庭では、炒めるとクタッとしてしまいがちな青菜。油を加えた湯でゆでると、炒めるよりも簡単に、シャキシャキと食感よく仕上がります。

❷

サブおかず　有元葉子さん

刺身サラダ
香味野菜とレモンでさっぱりと。

材料（2人分）
- カンパチ（刺身用）…12枚（うす切り）

※厚さ5mm位のうす切りが適しています。さくで購入してそぎ切りにするか、あれば、うす切りのものを購入します。

- 長ねぎ…1本
- セロリ（葉つき）…1本
- レモン汁…1/2〜1コ分
- ごま油、黒コショー、しょう油、塩…各適量

1. 長ねぎとセロリ（茎と葉をすべて）は長さ5cm位のせん切りにし、氷水に浸します。
2. カンパチをバットに並べ、ごま油小サジ2杯、黒コショーをたっぷり、しょう油少々をまわしかけます。
3. 1の水気をしっかりときり、ボールに入れます。ごま油大サジ1杯、レモン汁、塩・コショー適量を加えて混ぜます。
4. 器にカンパチと野菜を交互に並べて盛りつけます。

クイック&おいしさの理由
魚と野菜は別々に味つけすると、調味料のかけ過ぎやムラを防げておいしく仕上がります。コショーはたっぷりと効かせます。

海苔サラダ
しょう油がしみた海苔をドレッシングに。

材料（2人分）
- 小松菜…1束
- 焼き海苔…3枚
- しょう油…大サジ2/3〜1杯

1. 小松菜は、根元に下側から十字の切り込みを入れ、根元をしばらく水に浸してパリッとさせます。
2. たっぷりの湯を沸かし、塩1つまみを加えて小松菜を茎からゆっくりと入れます。茎が柔らかくなったら、葉まで沈めてさっと引き上げ、冷まして軽く水気をしぼります。長さ4cmほどに切って、水気をしっかりとしぼります。
3. 海苔は食べやすい大きさに手でちぎってボールに入れ、しょう油を加えて混ぜ、なじませます。
4. 小松菜を加え、海苔をほぐしながら全体に行き渡るように和えます。

クイック&おいしさの理由
小松菜の水気をしっかりしぼることと、海苔に味をつけることで、小松菜をシャキシャキとした食感に仕上げます。

れんこんのハチミツしょう油煮

甘じょっぱい味に、ほんのり効かせた辛味がアクセント。

材料（2人分）
◎主材料

- れんこん 大1節

◎その他の材料
- ごま油…大サジ1杯
- A
  - にんにく…1片
  - 唐辛子…1本
  - 黒粒コショー…10粒
  - しょう油、日本酒…各大サジ1杯
  - 砂糖、ハチミツ…各小サジ1杯
  - 水…カップ1杯

❶ 下準備
れんこんは皮をむいて長さ半分（5〜6cm）に切り、タテに太い棒状に切ります。にんにくは庖丁の腹でつぶします。唐辛子はヘタを落として種を除きます。

❷ 炒め煮する
鍋にごま油をひいて中火にかけ、れんこんをさっと炒めます。Aを加えて煮立て、ときどき返しながら、汁気が少なくなるまで煮ます。

20分

クイック&おいしさの理由
センイにそって太い棒状に切ると、しゃっきりとしつつ、もっちりとした食感に仕上がります。れんこんは火が通りやすく、火を通し過ぎると味も食感も悪くなるので、短時間で炒め煮にします。

サブおかず　コウケンテツさん

豆もやしスープ
体調がすぐれないときにもぴったりの、滋味豊かな味わいです。

材料（2人分）
◎主材料

● 豆もやし
150g

◎その他の材料
- にんにく…少々
- 煮干し（食べるタイプ）…5g
- 日本酒…大サジ1杯
- 塩…小サジ1/2杯
- しょう油…少々
- 水…カップ2と1/2杯
- 白炒りごま…適宜

❶ 下準備
豆もやしはさっと洗い、ザルに上げて水気をきります。にんにくはすりおろします。

❷ 煮る
鍋に煮干しと水を入れて中火にかけ、煮立ったら日本酒を加えて弱火にし、3〜4分煮ます。次に豆もやしを加えてフタをし、3〜4分煮ます。

❸ 仕上げ
にんにく、塩、しょう油を加えてひと煮立ちさせます。器によそって、好みでごまを振ります。

10分

クイック＆おいしさの理由
煮干しと豆もやしを短時間煮るだけで、充分においしいダシがとれます。まるごと食べられるタイプの細い煮干しを選べば、具としていただけます。

❷

サブおかず　コウケンテツさん

ワカメスープ
ごま油の香ばしさで食が進みます。

材料（2人分）
- ワカメ（乾燥）…5g
- 長ねぎ…1/3本　・にんにく…1/2片
- 煮干し（食べるタイプ）…5g
- ごま油…大サジ1/2杯　・日本酒…大サジ1杯
- しょう油…小サジ1杯
- 塩、粗挽き黒コショー…各適量
- 水…カップ2杯

❶ ワカメは水に5分ほどつけてもどします。食べやすい大きさに切り、キッチンペーパーで水気を拭き取ります。長ねぎは小口切りにします。にんにくはすりおろします。

❷ 鍋にごま油をひいて中火にかけ、ワカメ、にんにくをさっと炒めます。香りが立ったら、水、日本酒、煮干しを加えて煮立て、弱火にして5分ほど煮ます。しょう油を加え、塩・コショーで味をととのえ、長ねぎを散らします。

クイック＆おいしさの理由
煮る前に、ワカメとにんにくをごま油で炒めることで香ばしくなります。ダシの煮干しごといただきます。

冬のピクルス
ふたつの歯ごたえを楽しめる即席漬け。

材料（2人分）
- かぶ…1コ　●カリフラワー…小1/2コ
- しょうが…3〜4枚（うす切り）
- 花椒（ホワジャオ）（ホール。なければ黒粒コショー）…10粒
- 塩…小サジ1/3杯　・酢、水…各カップ2/3杯
- 砂糖…大サジ3杯

❶ かぶは皮をむいて8等分のクシ形に切ります。カリフラワーは小さめの小房に切り、熱湯で1分ゆでて、ザルに上げて水気をきります。

❷ 鍋にその他の材料を入れて中火にかけ、煮立ったらカリフラワーを加えて火を止めます。ピクルス液ごとボールに移してかぶを加えます。ボールごと氷水にあてて粗熱を取り、冷蔵庫で10分ほど冷やします。冷蔵で3〜4日保存できます。

クイック＆おいしさの理由
味を早くしみ込ませるため、表面積が大きくなるように切ります。ピクルス液が熱いうちに漬けるのもコツです。

サブおかず　脇 雅世さん

15分

豆腐ステーキ
にんにく風味のトマトソースに、香り高いクレソンを添えて。

材料（2人分）
◎主材料

● 絹ごし豆腐 1丁（350g）
● トマト 大1コ
● クレソン 1/2束

◎その他の材料
- にんにく…1/2片
- オリーブ油…適量
- しょう油…小サジ2杯
- バター…大サジ1/2杯

❶ 材料を切る
豆腐は水をきって長辺を半分に切り、さらに厚さ半分に切ります。トマトは皮つきのままざく切りにします。クレソンは長さ2cmに切ります。にんにくはみじん切りにします。

❷ 豆腐を焼く
フライパンにオリーブ油小サジ2杯をひき、中火にかけてよく熱します。豆腐の水分をキッチンペーパーで拭き取り、フライパンに並べます。ときどき動かしながら、両面を焼き色がつくまで焼き、火を止めて器に取り出します。

❸ ソースを作る
2のフライパンにオリーブ油小サジ1杯を足し、にんにくを入れて弱火にかけ、香りが立つまで炒めます。トマト、しょう油を加えて中火にし、トマトが煮くずれ、水分がとんでややトロリとしたら、バターを加えて混ぜ合わせます。豆腐にかけ、クレソンをのせます。

クイック&おいしさの理由
豆腐はしっかり水きりしなくても、パックの水をきり、焼く前に表面の水分を拭き取れば大丈夫。フライパンにくっつかないよう、よく熱したフライパンに入れ、位置を動かしながら焼くのがコツです。

❷

サブおかず　脇 雅世さん

炒めサラダ
サラダの野菜を炒めるという新発想。

材料（2人分）
- レタス…小1コ ●玉ねぎ…1/2コ ●ミニトマト…6コ
- オリーブ油…大サジ1杯 ・塩…小サジ1杯弱
- コショー…少々

① レタスの葉は、幅3cmのざく切りにします。玉ねぎはセンイにそって幅7mmに切ります。ミニトマトはヘタを取り、タテ半分に切ります。

② フライパンにオリーブ油をひいて強めの中火にかけます。玉ねぎを入れ、塩少々を振って、少ししんなりするまで炒めます。

③ レタス、ミニトマトを加え、残りの塩とコショーを振り、トマトの皮に少ししわが寄る位まで炒め合わせます。

〈こんなふうにも〉
同じくサラダ向きのセロリやラディッシュなどの野菜や、ベーコンやソーセージを加えてボリュームアップしても。

クイック＆おいしさの理由
炒めると野菜のカサが減り、生の状態よりたっぷり食べられます。塩・コショーだけで味つけし、飽きのこないひと品に。

豆もやしのナムル風
ピリ辛和えものを電子レンジで手軽に。

材料（2人分）
- 豆もやし…1袋（200g）
- A・にんにく…1/4片（すりおろし）
  ・しょうが…1片（みじん切り）
  ・ごま油…大サジ1杯
  ・塩…小サジ1/3杯強
  ・白すりごま…大サジ1杯
  ・一味唐辛子…少々

① 豆もやしは洗って耐熱ボールに入れ、ふんわりとラップをし、600Wの電子レンジに3分かけます。ザルに上げて水気をきり、粗熱を取ります。

② もやしをボールに入れ、Aを順に加えて、その都度混ぜ合わせます。

クイック＆おいしさの理由
加熱し過ぎず、豆もやしの食感が生きたおいしさに。ゆでるよりも手軽に作れ、洗いものも少なくて済みます。

サブおかず　脇 雅世さん

蒸しサラダ
蒸したてを、塩とコショーでシンプルに。フライパンで蒸せます。

材料（2人分）
◎主材料

● 玉ねぎ 1/2コ
● 椎茸 大2枚
● 長いも 1/3本

◎その他の材料
・塩、粗挽き黒コショー…各適量

❶ 切る
玉ねぎは、センイを断つようにして4つの半月切りにし、バラバラにならないように、つま楊枝を刺します。椎茸は石突きを落とし、タテ2〜4つに切ります。長いもは皮をきれいに洗ってひげ根を取り除き、幅1cm強の斜め切りにします。

❷ 蒸す
フライパンにクッキングシートをしき、上に1の野菜を並べて、塩を軽く振ります。シートの端を少し持ち上げて、下に水カップ1/2杯ほどを注ぎます。シートを内側に収めてフタをし、弱めの中火にかけ、蒸気が出てから10分ほど蒸します。
※途中で中の湯がなくなったら足します。

❸ 仕上げ
器に盛りつけ、塩・コショーを振ります。

〈こんなふうにも〉
にんじん、かぶ、かぼちゃ、じゃがいも、キャベツなど、冷蔵庫にある旬の野菜を使いましょう。塩とコショーで充分おいしく味わえますが、目先を変えたいときは、すりごま＋マヨネーズ、ポン酢＋マヨネーズのタレがおすすめです。

15分

クイック＆おいしさの理由
蒸し器がなくても、クッキングシートを使えば、手持ちのフライパンや鍋で蒸せます。ほうっておいて短時間でできるのも楽。蒸すと野菜の甘味が増して、シンプルな味つけでおいしく味わえます。

サブおかず　川津幸子さん

麻婆豆腐風冷奴
電子レンジで具を作れる、ボリュームのある副菜です。

材料（2人分）
◎主材料

- 豆腐 1丁
- 豚ひき肉 100g

◎その他の材料
- しょうが、にんにく…各1/2片
- 長ねぎ…1/4本
- 香菜…適量
- ごま油…小サジ1杯
- A
  - しょう油…大サジ2杯
  - 砂糖…小サジ2杯
  - 紹興酒（または日本酒）…小サジ1杯
  - 豆板醤…小サジ1/2〜1杯

❶ 野菜を切る
しょうが、にんにく、長ねぎはみじん切りにします。香菜はざく切りにします。

❷ ひき肉を電子レンジで加熱
耐熱ボールにひき肉、しょうが、にんにく、Aを加えて混ぜ、ラップをして600Wの電子レンジで2分半加熱します。

❸ 仕上げ
2が熱いうちに長ねぎ、ごま油を加えて手早く混ぜます。水気をきって器に盛った豆腐にかけ、香菜をのせます。

10分

クイック＆おいしさの理由
調味料と香味野菜を混ぜ合わせたひき肉を、加熱してすぐにほぐし、味をなじませます。少量なので、電子レンジでおいしく作れます。

❷

❸

サブおかず　川津幸子さん

アボカドとツナのカレーマヨネーズ
カレー粉と紫玉ねぎがピリッと効いています。

材料（2人分）
◎主材料
- アボカド 大1/2コ
- ツナ 30g
- 紫玉ねぎ 30g

◎その他の材料
A
- マヨネーズ…大サジ1〜2杯
- レモン汁…1/4コ分
- カレー粉…小サジ1/4杯
- コショー…少々

❶ 野菜を切る
アボカドはタテ半分に切って種を取り、スプーンで果肉を食べやすくすくいます。紫玉ねぎはみじん切りにします。

❷ 和える
ボールにAを混ぜ合わせます。1と汁気をきったツナを加えて和えます。

クイック&おいしさの理由
マヨネーズとツナのコクに、カレー粉と紫玉ねぎのスパイシーな風味がよく合います。アボカドとツナの食感が残る位に、軽くほぐしながら和えます。

サブおかず　川津幸子さん

ごぼうのごま酢和え
ごま酢と三つ葉の風味が豊かです。

20分

材料（2人分）
- ごぼう…1本
- 糸三つ葉…1/2袋
- A・すりごま…大サジ1と1/2杯
  ・しょう油、酢…各小サジ2杯
  ・砂糖…大サジ1/2杯

❶ ごぼうは、タワシなどで皮をよく水洗いします。切りやすい長さに切ってからタテ半分に切り、長さ4cmの斜めうす切りにして、水に5分ほどさらします。
❷ ボールにAを入れて混ぜ、ごま酢を作ります。
❸ 鍋に湯を沸かし、三つ葉をさっとゆでて水に取ります。続けてごぼうを3分ほどゆでます。その間に、三つ葉の水気をしぼって、長さ3cmに切ります。ごぼうをザルに上げ、粗熱が取れたら水気を軽くしぼり、すぐに2に加えて和えます。
❹ ごぼうが冷めたら、三つ葉を加えて混ぜ合わせます。

クイック&おいしさの理由
ごぼうは、温かいうちにごま酢と和えて味をしみ込ませ、三つ葉は、ごぼうが冷めてから加えることで、彩りよく生かします。

長いもそうめん
簡単ダシでさっぱりとしたひと品に。

15分

材料（2人分）
- 長いも…200g
- かつおぶし…5g
- 刻み海苔…少々
- A・酢…大サジ2杯
  ・うす口しょう油、砂糖…各大サジ1/2杯
  ・塩…小サジ1/4杯

❶ 長いもは皮をむき、スライサーで細切りにします。スライサーがなければ、庖丁で切ったり、ポリ袋に入れてすりこ木などでたたいても。
❷ ボールにかつおぶしを入れ、熱湯カップ1/2杯を加えます。
❸ 小さなボールにAを合わせ、2を漉しながら加えて、そのまま冷まします。
❹ 器に1を盛り、3の合わせ酢をかけ、海苔をのせます。

クイック&おいしさの理由
かつおダシは、少量の場合、鍋で煮出さなくてもこの方法で充分においしくとれます。忙しいときにおすすめです。

サブおかず　ワタナベマキさん

ブロッコリーと大豆のマスタードサラダ

やさしい酸味をからませます。いろいろな食感が楽しめるサラダです。

材料（2人分）
◎主材料

● ブロッコリー 1/3株
● 玉ねぎ 1/4コ
● 大豆（水煮またはドライパック）80g

◎その他の材料
- マスタード…大サジ1杯
- オリーブ油…大サジ1杯
- 塩…小サジ1/3杯
- 粗挽き黒コショー…少々

❶ 下準備

玉ねぎはみじん切りにして水に3分さらし、ザルに上げ、キッチンペーパーで水気をよく拭き取ります。ブロッコリーは葉を取り、小房に切り分けます。鍋に湯を沸かし、塩少々（分量外）を加え、ブロッコリーを1分半ほどゆでます。水気をきり、1cm角に切ります。

❷ 和える

ボールにその他の材料を入れてよく混ぜ合わせ、ブロッコリー、玉ねぎ、大豆を加えて和えます。

15分

クイック＆おいしさの理由

ゆでたブロッコリーを細かく刻むと、そのまま和えるよりも味がよくなじみ、ほかの具材ともからみやすくなります。

サブおかず　ワタナベマキさん

15分

塩揉み大根とささ身のサラダ

大根は味がよくからみ、シャキシャキの歯ごたえです。

材料（2人分）
◎主材料

● 大根
150g

● 鶏ささ身
2本

◎その他の材料
- パセリ…大サジ1杯（みじん切り）
- 日本酒…大サジ1杯
- 塩…小サジ1/3杯
- ナムプラー…小サジ2杯
- 酢…大サジ1と1/2杯
- オリーブ油…小サジ2杯

❶ ささ身をゆでる

ささ身はスジを取ります。鍋に湯を沸かし、日本酒、ささ身を加え、中火で2分ほどゆでます。火を止めてフタをし、そのまま5分ほどおきます。水気をきり、食べやすい大きさに手で裂きます。

❷ 大根を塩揉みする

大根は皮をむき、厚さ3mmの半月切りにします。ボールに入れ、塩を加えて、少ししんなりするまで手で揉みます。3分ほどおいて、水気をよくしぼります。

❸ 和える

ボールにパセリ、ナムプラー、酢を入れて混ぜ、1、2を加えて和えます。なじんだら、オリーブ油を加えてさっと混ぜ合わせます。

クイック＆おいしさの理由

塩揉みすると、カサが減り、たっぷりの量を食べられます。歯ごたえもよくなり、調味料がからみやすくなります。

❷

サブおかず　ワタナベマキさん

ほうれん草のポタージュ

野菜のトロミから生まれる、素朴な味わい。朝食にもぴったりです。

材料（2人分）
◎主材料

- サラダほうれん草 90g
- 玉ねぎ 1/3コ
- じゃがいも 2コ

◎その他の材料
- オリーブ油…小サジ2杯
- 白ワイン…大サジ2杯
- 塩…小サジ2/3杯
- 粗挽き黒コショー…少々
- 水…カップ2杯
- バゲット…適宜

❶ 下準備

ほうれん草はざく切りにします。玉ねぎ、じゃがいもは皮をむき、2cm角に切ります。じゃがいもはさっと水にさらして水気をきります。

❷ 炒める

鍋にオリーブ油をひいて中火にかけ、玉ねぎを透き通るまで炒めます。じゃがいもを加え、さっと炒めます。

❸ 煮る

白ワイン、水を加えてひと煮立ちさせ、アクを取りながら6分ほど煮ます。ほうれん草を加えて、弱めの中火にし、フタをして3分ほど煮ます。

❹ 撹拌する

ハンドミキサーでなめらかになるまで撹拌し、塩・コショーで味をととのえます。器によそい、あればバゲットをのせ、オリーブ油（分量外）をたらします。
※ミキサーを使う場合は、粗熱を取ってから撹拌し、鍋に戻して温めます。

クイック＆おいしさの理由

アクの少ないサラダほうれん草は下ゆでの必要がありません。さっと火を通せばいいので、調理時間を短縮できます。

サブおかず　前沢リカさん

蒸しなす豆腐

淡白なやさしい味わいに、中華風のタレと香菜がアクセント。

材料（2〜3人分）
◎主材料

- なす 2本
- 木綿豆腐 1/2丁
- 香菜 適量

◎その他の材料
A
- 長ねぎ…大サジ1杯（みじん切り）
- しょうが…小サジ1杯（みじん切り）
- オイスターソース…小サジ2杯
- しょう油…小サジ2杯
- 米酢…小サジ2杯

❶ 材料を切る
なすはヘタを落とし、タテ半分に切ります。豆腐は食べやすい大きさに切ります。香菜は根を落とし、ざく切りにします。

❷ 蒸す
蒸し器に水を入れ、平皿をのせて火にかけます。沸いたら、平皿にキッチンペーパーをしき、なすと豆腐を重ならないように並べ、フキンで包んだフタをして、中火で10分蒸します。

❸ タレを作る
ボールにAを混ぜ合わせます。

❹ 仕上げ
トングなどを使って、2のなすをタテ半分に裂きます。豆腐とともに器に盛り、3をまわしかけ、香菜をのせます。

15分

クイック＆おいしさの理由
電子レンジではなく蒸気で火を通すと、しっとりと仕上がります。蒸し器がない場合は、大きめの鍋に3cmほど水をはり、茶碗を伏せて置き、その上に平皿をのせれば、即席蒸し器になります。

サブおかず　前沢リカさん

梅みそサラダ

さわやかな、さっぱり味のサラダです。

材料（2人分）
- きゅうり、セロリ（茎）…各1/2本
- 玉ねぎ…1/4コ
- A
  - オリーブ油…小サジ2杯
  - 梅肉…梅干し1/2コ分（10g）
  - みそ、ハチミツ…各小サジ1杯

❶ 大きめのボールにAをよく混ぜ合わせます。
❷ きゅうりとセロリは、タテ半分に切り、幅3mmの斜めうす切りにします。玉ねぎは、センイにそって幅3mmのうす切りにします。
❸ 1のボールに2を加え、ざっくりと和えます。

〈こんなふうにも〉
梅肉は、塩のみで漬けた、塩分19％位の梅干しのものがおすすめです。塩分控えめのものを使う場合、塩やしょう油で味をととのえます。ワカメやひじきを加えてもよく合います。

クイック＆おいしさの理由
野菜は、だいたい同じ大きさに切り、食感をそろえます。水気が出てしまうので、食べる直前に調味料と和えます。

かぼちゃのバルサミコ焼き

かぼちゃステーキを甘酸っぱいソースで。

材料（2人分）
- かぼちゃ…1/8コ（180g）
- にんにく…1片（ヨコにうす切りして芯を除く）
- オリーブ油…大サジ1杯
- A
  - バルサミコ酢…大サジ2杯
  - 砂糖、しょう油…各小サジ1/2杯

❶ かぼちゃは種とワタを除き、ヨコ半分に切ってから、厚さ7mmに切ります。
❷ フライパンにオリーブ油、にんにくを入れ、弱火にかけます。香りが立ったら中火にし、1を並べ入れます。両面を3〜4分かけてこんがりと焼き、火を止めて器に盛ります。
❸ 同じフライパンにAを加え、弱火に15秒ほどかけてトロリとするまで煮詰めます。2にまわしかけます。

クイック＆おいしさの理由
バルサミコ酢は、煮詰めるとコクの深いソースに。にんにくを炒めたフライパンで煮詰め、香りを移します。

サブおかず　前沢リカさん

15分

じゃがいもとピーマンのクミン炒め

シャキシャキの食感が楽しいひと皿。あとを引くシンプルなおいしさです。

材料（2人分）
◎主材料

● じゃがいも
　1コ（120g）

● ピーマン
　1コ

◎その他の材料
- しょうが…大1片
- サラダ油…大サジ1杯
- クミンシード…小サジ1/2杯
- 塩、コショー…各適量

❶ 野菜を切る
じゃがいもはよく洗い、皮つきのまま、3mm角位の棒状に切ります。ピーマンはじゃがいもと大きさをそろえて細切りに、しょうがはせん切りにします。

❷ じゃがいもを洗う
水をはったボールにじゃがいもを入れ、さっと洗ってザルに上げ、水気をよくきります。

❸ 炒める
フライパンにサラダ油、クミンシードを入れて弱火にかけます。クミンシードから小さな泡が出てきたら、中火にし、じゃがいも、ピーマン、しょうがを加えて、3分ほど炒めます。

❹ 仕上げ
塩・コショーで味をととのえて器に盛ります。

クイック＆おいしさの理由

じゃがいもは切ったらさっと水にさらします。表面のでんぷんを洗い落とすことで、シャキシャキの食感に仕上がります。

サブおかず　堤 人美さん

豆乳とじゃがいものポタージュ

すりおろしたじゃがいもが溶け込み、トロリとした口あたりです。

材料（2人分）
◎主材料

● 豆乳
カップ2杯

● じゃがいも
1/2コ（75g）

● 玉ねぎ
1/4コ

◎その他の材料
- バター…大サジ1杯
- 塩、コショー…各適量
- 水…カップ1/2杯
- クレソン…適宜

❶ 野菜を切る

じゃがいもは皮をむきます。玉ねぎはセンイにそってうす切りにします。飾り用にクレソンを使う場合は、葉と茎に分け、茎を小口切りにします。

❷ 玉ねぎを炒める

鍋を弱めの中火にかけてバターを溶かし、玉ねぎを入れて、塩少々を振って炒めます。フタをして蒸らし、ときどきフタを取って炒めることをくり返しながら、しんなりするまで3分ほど火を入れます。

❸ 煮る

水を加え、中火にしてひと煮立ちさせ、豆乳を加えて弱めの中火にします。じゃがいもを鍋の上ですりおろして加え、混ぜながら、軽くトロミがつくまで2分半〜3分煮ます。

❹ 仕上げ

塩小サジ1/3杯、コショーを加えて味見をし、塩で味をととのえます。器によそい、クレソンを飾ります。

15分

クイック＆おいしさの理由

じゃがいもをすりおろして加えると、トロミともっちり感のある仕上がりになります。また、うま味のある豆乳をベースにすることで、鶏ガラスープの素などを使わなくても、充分おいしくできます。

サブおかず　堤 人美さん

ワンタンスープ

皮で包まないから、簡単です。

材料（2人分）
- 鶏ひき肉…150g
- ワンタンの皮…12枚
- A
  - しょうが…1片（せん切り）
  - 日本酒…大サジ2杯
  - しょう油…小サジ2杯
  - 塩…小サジ1/2杯
  - 水…カップ3杯

① 鍋に鶏ひき肉、Aを入れ、菜箸でぐるぐると混ぜてよくほぐしてから、中火にかけます。
② 煮立ったらアクをすくい、フタを少しずらしてのせて、弱めの中火にします。10分ほど煮ます。
③ ワンタンの皮を4等分位にちぎり、重ねずに加えます。ひと煮立ちしたら火を止めます。

クイック&おいしさの理由

鶏ひき肉を水から煮ることで、澄んだ味わいのスープになります。しょうががくさみ消しとなり、香りのよい仕上がりに。

ひじきとトマト炒め

にんにくとチーズの風味を効かせて。

材料（2人分）
- 芽ひじき…10g　　●ミニトマト…8～10コ（ヘタを取る）
- にんにく…1片（つぶす）　・オリーブ油…小サジ2杯
- 日本酒、みりん…各大サジ1/2杯　　・塩…少々
- コショー…適量　・しょう油…小サジ1杯
- 粉チーズ…小サジ1杯

① 芽ひじきはさっと洗ってザルに広げ、熱湯をまわしかけます。水気をよくきります。
② フライパンにオリーブ油、にんにくを入れて弱火で炒め、香りが立ったらひじきを加えて、2分ほど炒めます。日本酒、みりん、トマトを加え、トマトの皮がはじけるまで1分半ほど炒めます。
③ 塩・コショーし、しょう油をフライパンのフチからまわし入れます。トマトをヘラで少しつぶすようにしてさっと炒め、粉チーズを振り、ひと混ぜして火を止めます。

クイック&おいしさの理由

芽ひじきは、熱湯をまわしかけて、さっともどせば使えます。相性がよいにんにくと一緒に炒め合わせると、風味抜群。

サブおかず　上田淳子さん

15分

茶碗蒸し しょうがあんかけ
具のないシンプルな茶碗蒸し。なめらかな生地とあんを堪能できます。

材料（2〜3人分）
◎主材料

● 玉子 2コ

◎その他の材料
- しょうが…小サジ1杯（すりおろし）
- 片栗粉…小サジ1杯（小サジ2杯の水で溶く）
- A ・ダシ…カップ1と1/2杯
  ・しょう油…小サジ1杯
  ・塩…少々
- B ・ダシ…カップ1/2杯
  ・しょう油、みりん…各小サジ1杯

❶ 玉子液を作る
ボールに玉子を溶きほぐしてAを混ぜ、ザルで漉します。耐熱の器（写真はそば猪口）に入れ、器の口径より少し大きめに切ったアルミホイルをかぶせます。

❷ 蒸す
鍋にキッチンペーパーをしき、1を入れます。器の高さ2/3位まで水を注ぎ、火にかけます。水がフツフツと沸いたら、鍋にフタをずらしてかけ、ごく弱火で5〜10分、玉子液が固まるまで加熱します。

❸ あんを作る
小鍋にBを入れて中火にかけ、沸いたら火を止め、水溶き片栗粉を少しずつ加えます。再び中火にかけて混ぜ、トロミをつけます。2の茶碗蒸しにかけ、しょうがをのせます。

〈こんなふうにも〉
あんにひき肉を入れたり、しょうがの代わりにわさびをのせてもいいでしょう。

クイック＆おいしさの理由
玉子液を漉すことで、なめらかになります。蒸し器がなくてもできるこの方法、ごく弱火で静かに加熱すれば、スは入りません。固まり具合を見るときは、アルミホイルを外して器を揺らしてみます。表面の揺れが少なければ、固まった合図です。

サブおかず　上田淳子さん

こんにゃくのおかか煮
かつおぶしで風味を加えます。

材料（作りやすい分量）
- こんにゃく…大1枚（350g）
- かつおぶし…5g
- サラダ油…小サジ1杯
- A・ダシ（または水）…カップ1/2杯
  ・しょう油、みりん…各大サジ1と1/2杯

❶ こんにゃくはすりこ木などでまんべんなくたたいて柔らかくし、スプーンなどでひと口大にちぎります。さっと水洗いし、水気をきります。

❷ 鍋に1を入れ、強めの中火で5分ほどカラ炒りし、水分をとばします。サラダ油を加えてさらに1分炒め、油がまわったらAを加えて弱めの中火にし、ときどき混ぜながら、汁気がなくなるまで10分ほど煮ます。

❸ 火を止め、かつおぶしを全体にまぶします。

クイック＆おいしさの理由
こんにゃくをよくカラ炒りすると、調味料がなじみやすくなります。かつおぶしは火を止めてからまぶし、香りを生かします。

太めごぼうのきんぴら
細く切らないので、手早く作れます。

材料（作りやすい分量）
- ごぼう…2本（200g）
- サラダ油…大サジ1杯
- A・日本酒…大サジ2杯
  ・砂糖…大サジ1杯
  ・しょう油…大サジ1と1/2杯
  ・みりん…大サジ1と1/2杯

❶ ごぼうは表面をタワシなどでよく水洗いし、長さ4〜5cmの乱切りにします。水に5分ほどさらし、水気をしっかりきります。

❷ 鍋にサラダ油と1を入れて中火にかけ、混ぜながら軽く炒めます。ごぼうに油がまわったらAを入れてさっと混ぜ、フタをして弱火にし、3分蒸し煮にします。

❸ 2にしょう油を加えてさっと混ぜ、再びフタをし、2〜3分蒸し煮にします。フタを取って中火にし、煮汁がなくなるまで炒めます。

クイック＆おいしさの理由
噛みごたえのある太さに切ることで、ごぼうの香り、うま味が口いっぱいに広がります。

サブおかず　冷水希三子さん

キャベツのクミンソテー
クミンとレモン、ふたつの香りを重ねて。

材料（2人分）
- キャベツ…1/8コ
- レモン…1/6コ
- エキストラバージンオリーブ油…大サジ1杯
- クミンシード…小サジ1/2杯
- 塩…適量

① キャベツは4cm角位に切って洗い、水気を軽くきります。レモンはよく洗います。

② フライパンにオリーブ油、クミンシード、塩少々を入れて弱めの中火にかけます。クミンの香りが立ってきたらキャベツを加え、塩少々を振り、フタをして3分ほど蒸し焼きにします。

③ フタを取って混ぜ、再びフタをして3分ほど蒸し焼きにします。味見をして塩でととのえたら、レモンをしぼりかけてから皮ごと加え、軽く混ぜて火を止めます。

クイック＆おいしさの理由
クミンシードは、常温の油に入れて徐々に熱し、香りを引き出します。キャベツを加える前に熱し過ぎないようにします。

きゅうりのアグロドルチェ
ピクルスよりも、軽やかな甘酢っぱさ。

材料（2人分）
- きゅうり…2本　●玉ねぎ…1/8コ
- ケイパー…大サジ1/2杯　・塩…適量
- エキストラバージンオリーブ油…大サジ1/2杯
- 砂糖…小サジ2杯　・白ワインビネガー…大サジ1杯

① きゅうりはところどころタテに皮をむき、厚さ5mmの輪切りにします。玉ねぎはセンイにそってうす切りにし、長さ半分に切ります。ケイパーは水気をきります（塩漬けのものは、水に少しつけて塩抜きします）。

② 厚手の鍋に1、塩、オリーブ油を入れて混ぜ、フタをして弱火にかけます。ときどきフタを取って混ぜ、きゅうりが褪せた色になるまで10〜15分蒸し炒めにします。

③ 砂糖、白ワインビネガーを加えて混ぜ、フタをして1分おきます。火を止めて、フタをしたまま5分ほど蒸らして出来上がりです。

クイック＆おいしさの理由
野菜をじっくりと蒸し炒めにし、うま味を引き出してから、砂糖、白ワインビネガーをからめて、軽やかな味わいに。

サブおかず　冷水希三子さん

イカとせりのねぎダレ和え

風味豊かなねぎダレで、イカの甘味、せりの香りがぐんと引き立ちます。

材料（2人分）
◎主材料

- ●イカ 1パイ
- ●せり 1束
- ●長ねぎ（白い部分） 10cm

◎その他の材料
- 塩…適量
- 太白ごま油…大サジ2杯
- A 酢…大サジ1/2杯
- 塩…少々
- うす口しょう油…小サジ1/2杯

❶ イカの下準備

イカは胴の内側に指を入れ、胴とワタをつなぐスジを切ります。足をひねりながら引き、ワタを引き抜きます。軟骨を取り除いてからエンペラ（耳）を引きはがし、そこから全体の皮をむきます。胴は幅2cmの輪切りにします。足はワタを切り落として塩で揉み洗いし、水気を拭き取ります。つけ根の真ん中にあるくちばしを取り除き、食べやすく切ります。

❷ 野菜の下準備

せりは根をきれいに洗い、根ごと長さ10cmに切り、葉を1本分位取り分けておきます。長ねぎはみじん切りにします。

❸ ゆでる

鍋に湯1ℓを沸かして塩小サジ1杯を入れ、せり（取り分けた葉以外）をさっとゆでて、アミで引き上げます。同じ湯でイカを色が変わるまでゆで、引き上げます。せりの水気をしぼります。

❹ ねぎダレで和える

長ねぎを大きめのボールに入れます。小鍋に太白ごま油を入れて煙が出るまで熱し、長ねぎにかけます。Aを混ぜ、3を加えて和え、味見して塩でととのえます。最後に、取り分けておいたせりの葉を加え、さっと和えます。

クイック＆おいしさの理由

ねぎダレは、長ねぎのみじん切りに、充分に熱した太白ごま油をジュッとかけるのがコツ。長ねぎの風味が引き立ち、コクも生まれます。

サブおかず　大庭英子さん

焼きブロッコリー

ゆでるのとは違った、香ばしい風味と歯ごたえが新鮮です。

材料（2人分）
◎主材料

- ブロッコリー　大1/2コ

◎その他の材料
- オリーブ油…大サジ2杯
- 塩…小サジ1/4杯
- コショー…少々

❶ 切る

ブロッコリーは葉を取り、切り口を下にして茎を手前に置き、タテに厚さ1〜1.5cmに切ります。

❷ 焼く

フライパンにオリーブ油をひいて強めの中火にかけ、ブロッコリーを切り口を下にして並べます。焼き色がつくまで2分ほど焼き、裏返して1〜2分焼いたら、塩・コショーをして器に盛ります。

〈こんなふうにも〉
仕上げに、レモンをしぼったり、ワインビネガーをかけたり、粉チーズを振っても。れんこん、かぶ、カリフラワーもおすすめです。

5分

クイック＆おいしさの理由

ゆでるよりも焼いたほうが、湯を沸かす手間がかからず、香ばしく仕上がります。房に分けるのではなく、平らに切ることで、火が均一に通ります。あまり動かさないようにして、焼き色をつけます。

サブおかず　大庭英子さん

焼きわけぎのおかかじょう油和え

トロトロ、シャキシャキの食感がクセになるおいしさ。

材料（2人分）
◎主材料

● わけぎ
1束（150g）

◎その他の材料
- かつおぶし…5g
- しょう油…小サジ2杯
- 水…大サジ1杯

❶ 焼く
ガスコンロに焼きアミをのせて弱めの中火にかけます。わけぎは4〜5本ずつ持ち、根元の白い部分をアミにのせ、少し黒くなり、しんなりするまでじっくり焼きます。トングに持ち変えて強火にして、緑の部分もしんなりするまでさっと焼きます。残りも同様に焼きます。

❷ 切る
焼いたわけぎをまな板に並べ、根を切り落として長さ3〜4cmに切ります。

❸ 仕上げ
ボールにかつおぶし、しょう油、水を混ぜます。わけぎを加えて和え、器に盛ります。

クイック&おいしさの理由
わけぎは、ゆでるよりアミで焼いたほうが、香りがそのまま生き、香ばしく仕上がります。緑の部分には火を通し過ぎず、食感よく仕上げます。

サブおかず　大庭英子さん

オクラのマヨネーズ焼き

マヨネーズをまぶして香ばしく焼きます。

10分

材料（2人分）
- オクラ…8本
- マヨネーズ…大サジ2杯
- 塩、コショー…各少々

1. オクラはヘタの先端を切り落とし、ヘタと実の間あたりに庖丁の刃を入れて、ぐるりとガクをむき取ります。
2. ボールにオクラを入れ、マヨネーズ、塩・コショーを加えて、まんべんなく和えます。
3. オーブントースターの天板にオクラを並べ、7～8分、またはグリルで5分ほど、焼き色がつくまで焼きます。

〈こんなふうにも〉
オクラの代わりに、エリンギなどのきのこでも。仕上げに七味唐辛子や黒コショーを振ってもよいでしょう。

クイック＆おいしさの理由
マヨネーズの油分は、加熱すると高温になるのでオクラに早く火が通り、乾燥も防ぎます。

キャベツのオイル蒸し

オリーブ油のうま味をまとわせます。

10分

材料（2人分）
- キャベツ…1/4コ（300g）
- にんにく…1片
- 唐辛子…2本
- 塩…小サジ1/3杯
- コショー…少々
- オリーブ油…大サジ3杯

1. キャベツは4～5cm角に切ります。にんにくは皮をむいてタテに2～3等分に切り、芯を取ります。唐辛子はヘタを落として種を除きます。
2. フライパンにキャベツを入れ、にんにく、唐辛子を散らし、塩・コショーをしてオリーブ油をまわしかけ、フタをします。中火にかけ、フツフツとしてパチパチと音がしてきたら、弱めの中火にします。途中で上下を返して、しんなりするまで4～5分蒸し煮にします。

クイック＆おいしさの理由
オリーブ油をまとわせて蒸し煮にすると、火が早く通り、しっとりと仕上がります。

エッセイ

立ち食いそばと缶詰の日々

春風亭昇太（落語家）

とにかくお金がなかった……。もっとも、かけ出しの落語家でお金持っている人なんか、よっぽどのお金持ちの家に生まれたか、よく稼いでくる奥さんがいるかで、師匠の鞄持ちしながら楽屋でお茶を出している奴に、お金が無いのは当たりまえの事だ。

バブル時代の前夜、世の中が浮かれ始めた頃に僕が職業として選んだのは、「落語家」だった。好きだった演劇の世界にも入りたかった。でも、たった一人で、ありとあらゆる場面を自在に操れる落語に大きな魅力を感じ、春風亭柳昇一門の末席に加えていただいたが、どっこい人生はそんなに甘くはない。入った時の落語界の状況が悪過ぎた。その頃、嵐のように巻き起こっていた漫才ブームは、日本の笑いそのものを180度ひっくり返すような、芸能史上の大事件だった。等身大のお兄さん達が、普通の若者達と同じ格好、同じ目線で作り出す笑いは、たしかにそれまでの漫才とも異質の新しいMANZAIに進化していて、爆発的なブームが起こっていた。そして、その爆発の蚊帳の外にいたのが落語だった。寄席の客席に活気は無く、着物を着たオジサンが座布団に座って喋る落語は、笑いの世界では中途半端に古い時代遅れの存在に見られていたのだ。

師匠は理解があり、兄弟子達も良い人ばかりだった。なにより好きな落語を演れる幸せは感じていたが、狭い楽屋で一日中お茶を出し、ひたすら着物をたたむ毎日。そして、とにかくお金が無かった。楽屋の隅で一日中働いた僕の空腹を満たしてくれるのは、立ち食いそばと、缶詰だった。当時はそれで生きていたと言っても過言ではない。元々貧乏覚悟で入った世界だったから、それ自体は辛くはなかった。ご飯を炊き、焼き鳥缶を開けて軽く調理して丼に乗せ、それを細い脚のテーブルに乗せて食べれば、ホカホカのご飯にタレが染みて、空腹の僕には涙が出る程美味かった。しかし、食べながらテレビをつけると、漫才師さんが若いお客さんの黄色い声に包まれている。それをボンヤリ見ながら、安いアパートの一室で、時代に取り残されたような閉塞感に耐えていた……。

あれから何年も経って、落語の客席に人があふれ、顔も知ってもらえるようになった今も、立ち食いそばに通い、缶詰料理を作って食べている。あの日と同じようにやっぱり美味い。でもちょっとだけセンチな気持ちになるのは、この味が、将来が見えていなかったあの頃の僕に戻れる、タイムマシンのようなものだからだ……。

◎焼き鳥缶親子丼　材料（1人分）・焼き鳥缶詰…1缶　・玉ねぎ…適量　・玉子…1コ　・万能ねぎ…適量　・ご飯…丼1杯分　作り方　①フライパンに少量の油（分量外）をひいて玉ねぎを炒め、火が通ったら、焼き鳥缶詰を開けて入れ、水を少々（この量で汁だくかどうかが決定。汁だくの場合はお好みでしょう油を足す）入れて温める。②フライパンの中の鶏肉と汁がグツグツしてきたら、溶いておいた玉子を入れてかき混ぜ、少ししたら火を止め、後は余熱で玉子に火を入れて出来上がり。これを丼に盛った炊きたてのご飯の上にのせて、万能ねぎをパラパラ。後はワサワサ食べるのだ。

絵　秋山花

すぐできるかけ素麺

ほしよりこ（漫画家）

　お中元でお素麺をいただくと、本当に重宝します。子どもの頃は素麺というと「あぁ、またか〜」とがっかりしたものですが、今となっては母の気持ちがよくわかる。なにしろゆで時間が短く、ゆでた後うどんやスパゲティのように伸びる心配もあまりない。それでお中元の素麺が尽きるまで、私が作っていた料理はこちらです。

　まず、これも知人にもらったあご出汁の素。これは広島の自動販売機で500mlのペットボトル入りで売っているものですが、驚く美味しさで、素麺のかけ汁にする場合は10倍に薄めて使うので長持ちするのです。

　手順は非常に簡単で、素麺をゆで（1〜2分）、よく洗い水を切って丼に盛る。その上に、ゆでて裂いた鶏ささみ、みじん切りにしたミョウガ、温泉玉子、魚焼きグリルで焼いた万願寺唐辛子を載せ、さらに摺り下ろした生姜をたっぷり載せます。私はここに、黒七味や胡麻をふりかけることもありますが、気分でふりかけない時もあるし、ふりかけ忘れる時もあります。なくてもいいですが、気分でどうぞ。

　この料理で私がちょっとこだわるポイントは、鶏ささみのゆで具合です。ささみはゆですぎるとパサパサになるので、鍋に沸かしたお湯に塩とお酒を少し入れ、いったん80度くらいまで冷ましてからささみを入れ、鍋に蓋をして7分ほど放置します。真ん中をそっと裂いてみて、全くの生でなければそれでできあがりとします。やわらかいささみは出汁との相性がよく、ちょっと良いお料理になります。そう、そしてこのささみが黒七味と相性がいいので、やっぱり黒七味は少しかけた方がよいと思います。

　ここまで作るのに、冷蔵庫から材料を出すところから始まって、およそ10分。ささみを前日にゆでておいた場合はさらに時間が短縮されます。万願寺唐辛子は私は魚焼きグリルで焼きますが、オーブントースターでもいい感じに焼けます。

　あご出汁は、私は常温で味わうことが多いのですが、冷やしても、温めても、お好みで。最後は生姜や薬味が程よく混ざったあご出汁を飲み干して、ほっとして「ごちそうさま」です。

　こだわる方は出汁をご自分で取られたり、温泉玉子を生卵から作られると良いと思います。また万願寺唐辛子は、旬のお野菜なら他の物でも良いでしょう。ゆでたオクラや、ゴーヤを薄くスライスして塩揉みをして少し置いたものや、蒸したズッキーニなどでも美味しいと思います。

◎**かけ素麺**　材料（1人分）・素麺…1〜2束　・鶏ささ身…2枚　・万願寺唐辛子…3本　・温泉玉子…1コ　・あごダシ(塩、みりんで味をととのえる)…150〜200ml　・みょうが…適量(みじん切り)　・しょうが…適量(すりおろし)　・塩、日本酒…各少々　・炒りごま、黒七味唐辛子…各適宜　作り方　①鍋に湯を沸かし、塩、日本酒を入れて火を止める。湯の温度が80℃位に下がったら、ささ身を入れてフタをして7〜10分おき、火が通ったら食べやすく裂く。②万願寺唐辛子は魚焼きグリルなどで焼く。③素麺は表示通りにゆでてよく洗い、水気をきって丼に盛る。あごダシをかけ、ささ身、万願寺唐辛子、温泉玉子、みょうが、しょうがをのせ、好みでごま、黒七味唐辛子を振る。

梨のピザ

林 望（作家、国文学者）

いきなり母の話で恐縮ながら、今は亡き母はお料理好きで、またとても手の早い人であった。その母のわきでずっと料理を見習って育った私が、長じて料理好きになり、また母と同様、素早く調理する能力を授かったのは、いわば「趣味の遺伝」なのであろう。

私どもの子供時代には、今のようにコンビニもファミレスもなかったから、原則として家族揃って夕食の卓を囲み、まだまだ明治時代とさして変わらぬ食生活であったかと思われる。しかし、昭和のモダンガールであった母は、たとえばアップルパイやクッキーなどの洋菓子を気軽に作ってくれたし、デコレーション・ケーキまでも上手に作るほどの腕前であった。日頃のおやつなども、だから母の手作りお菓子ということが多かったが、たまたま食後のデザートの用意がなかったりすると、母は、「じゃ、ちょっと作ってあげようか」といって、面倒がらずに、あっという間にパンケーキのようなものを作って食べさせてくれたものだった。

だから息子の私も、「なにはなくとも」有り合わせの材料で母の真似をしてデザートなどよく作る。

そういうときに、今回ご紹介するようなフルーツのピザは、まずはほとんど何の手間もかからない。そうして、作り始めてからでき上がるまで、まあだいたい10分程度、まことに簡単手軽、その割には、とても美味しくてしっくりとくるのがめでたい。

フルーツは、四季折々出盛りのものの有り合わせ、およそ何でもよいのであるが、今回は梨で。

「じゃ、作ろう！」と宣言してから、冷蔵庫に常備してあるピザ生地を取り出し、オーブンに250度の予熱をかけて、それから、梨をスライスしてピザに作る。また、レモンスライスなんてのも、なかなかオツである。

ピザ生地にはジャムでも蜂蜜でも、最初に薄く塗ってから、梨やリンゴだったら5ミリくらいの薄切りにして並べる（柑橘類のようなものは袋から出してコロコロとした大きさに割って置く）。さらに、ちょっと砂糖かメープルシロップなどを上に軽く蒔いて、黒胡椒少々、ピザ用のチーズ（私は低脂肪のを使っている）でしっくりと覆い、あとはオーブンで焼くだけである。ピザ生地は、開封しなければ一ヵ月くらいは冷蔵庫で保存できるので、私の家では、常に備えてあるのである。

◎梨のピザ　材料（1枚分）　・ピザ生地（市販品）…1枚　・梨（豊水など）…1/2コ　・マーマレード…テーブルスプーン1杯（約大サジ1杯）　・メープルシロップ…適量　・黒コショー…適量　・ピザ用チーズ（低脂肪タイプ）…1〜2つかみ　作り方　①ピザ生地に、マーマレード（ジャムでも可）をうすく塗る。②その上に5㎜ほどにスライスした梨をまんべんなく並べ、少量のメープルシロップ（砂糖でも可）を全体に軽くかける（かけすぎぬように注意）。③黒コショーをカリカリと挽いてかけ、チーズで覆って、250℃に予熱しておいたオーブンで5分焼けば、出来上がり。

豆腐めしと、だらだら鍋

牧野伊三夫（画家）

　朝の散歩から帰ってくると、日暮れまでずっと家のなかにあるアトリエで絵を描いている。やることといえば、絵を描くことのほかに食事と昼寝くらいしかない。食事は一日のなによりの楽しみで、その時間を削ってまで絵を描いたりすることはまずない。昼食を終えたら昼寝。それからアトリエに入ってしばらくして筆を休めてぼんやりしていると、今度はいつの間にか夕食のことばかり考えている始末である。

　たまに、夕食に時間を割いたために注文を受けた絵が仕上がらないことがあっても、これまでの経験で食事の時間を削ってまで描いたところで納得できるものが描けないことをよく知っているから、あっさりあきらめてアトリエを出てしまう。それから、少しでも酒をおいしく飲むために風呂に入る。画家として、こんなことでよいのかとも思うが、自分の体がそうなっているのだから仕方がないのだ。

　どうやら縄文人が家の中心に囲炉裏を据えたように、僕の生活の中心には食事があるようである。夕食時には七輪に炭の火をおこして、肉や魚を焼いたり酒の燗をつけたりする。実は、この時間が僕の絵にとっても大切な時間で、テレビもつけず、電話にも出ず、酔った頭のなかで描きすすめ方を考えたりしている。絵にも発酵する時間が必要なのだ。

　とはいえ、展覧会の前などはなにかと時間に追われている。そんなときは食事の支度はかたづけが簡単な方がいいので、油を使わず器の数も少ない献立を考える。手間いらずでおいしいので、お昼に、ごはんに豆腐をのせただけの「豆腐めし」をよく作って食べることがある。木綿を一丁買ってきて丼にめしを盛り、その上に薄切りにして重ねていく。おろし生姜と葱をのせ醤油をまわしかけて、箸でほぐしながら食べる。

　豆腐は夕食でも主役になることが多い。食卓の傍らに七輪を置いて小鍋をかけ、湯をわかす。はじめは豆腐だけ。それから、竹輪、はんぺんなどちょっとした酒の肴になるものをゆでては食べる。そんなもので一杯やったあと、豚肉や鶏肉、もやしなどの野菜を足していく。具がなくなったらごはんや麺を入れたり、餃子を入れたり、また、卵を落としてポーチドエッグを作ったりすることもある。忙しいから簡単な料理にしようと作るのだが、けっきょく、いつまでも鍋から離れず飲み続け、長い時間をかけて食事をすることになる。だらだらと酒を飲む鍋だから、家ではこれを「だらだら鍋」と呼んでいる。

◎**だらだら鍋**　**材料**（一例）第一部／豆腐。椀に、おろししょうが、長ねぎのみじん切り、かつおぶし　第二部／水でもどした昆布と干し椎茸とそのもどし汁。日本酒。はんぺん、白菜、長ねぎ、しめじ、豚バラごくうす切り肉、緑豆春雨、もやし。椀に、七味唐辛子か柚子こしょうの薬味を足す。第三部／餃子。新しい椀に、ラー油、酢、しょう油、おろしにんにく、おろししょうが。　第四部／生玉子。各々、分量、切り方、すべてお好みで。　**作り方**　小鍋に湯を沸かし、一部から四部の具材を順に入れ、それぞれの薬味で食べる。

料理しなくなって

伊藤比呂美（詩人）

　この春に夫が死んだ。それでわたしは料理をやめた。30数年前に家庭を作って以来、料理しつづけてきた。料理して人に食べさせるということが自分の本質だと思いこんできた。それをやめた。そしたら、なんと、なんと、自由なことか。

　昔、まだ母や父が、老いてはいても老い果ててはいなかった頃、わたしがカリフォルニアから熊本に帰るたびに、落語の「藪入り」みたいにわたしの好物を作って並べていた母が、少しずつ料理をしなくなった。わたしが、いいよ、ごはんだけ炊いといてくれれば、空港で何か買って帰るからと言うようになり、佃煮や漬物やくさやの干物（瓶入りの臭くないのが羽田空港で売っている）などを買って帰るようになった。そのうち、炊いといたよというごはんが、固すぎたり冷めていたりするようになった。徐々に来た変化だから、まあ、受け入れた。認知症が始まったのかもしれないと冷静に観察していただけだ。その頃は、母の冷蔵庫を開けると、しょうゆのボトルとマーガリンの箱ばかりずらりと並んでいた。あとは卵とウインナソーセージ、チルドの餃子くらいしか入ってなかった。母の作る目玉焼きも餃子も、いつもまっ黒焦げで、それを言うと、気に入らないなら食べなくていいわよ、とすごい剣幕で怒るからいやになっちゃうよ、と父がわたしにこぼした。

　その父が栄養失調と診断されて、それでヘルパーさんが入るようになった。二人ともやせてはいなかったから、栄養が取れていなかっただけで、食べてはいたんだと思う。それからまもなく母は四肢が麻痺して入院して寝たきりになってしまった。入院してしまったら、認知症の症状はほとんどなくなった。寝たきりだったから、浮世離れしてきたのはしかたがない。母はそれから5年近く生きて死んだ。ああやって急速に料理から引き離されていった母のことを、今、わたしは考える。

　わたしが今、する料理といえば、鶏肉を焼くだけ。それを犬と分けて食べる。レモンやハーブでちゃんと味をつける。犬のために？　と言って娘たちが笑うが、家族のために作っているわけだから、ちゃんと料理したいのである。

　この殺伐とした、料理のない生活の中でときどき食べたいなあと思うのは、夫のためによく作ったスープの数々。夫はスープが好きだった。大麦ときのこのスープ。ローストしたチリで赤く辛くした野菜のスープ。酢キャベツのスープは仕上げにサワークリームを入れる。どれも面倒くさくて作る気になれない。でも食べたいのだ。

◎**大麦ときのこのスープ**　材料（鍋いっぱい分）・大麦…カップ1〜3杯　・玉ねぎ…1/2コ　・マッシュルーム…2〜3パック　・乾燥ポルチーニ…数片　・にんじん、セロリ　各5cm　・パセリ…1束　・チキンスープ…たっぷり　・バター…適量　・サワークリーム…適宜　作り方　①ポルチーニは水でもどす。玉ねぎ、にんじん、セロリはみじん切りにする。パセリは茎と葉に分け、みじん切り。マッシュルームはうす切り。②鍋を中火にかけてバターを熱し、玉ねぎをよくよく炒める。マッシュルーム、ポルチーニ、にんじん、セロリ、パセリの茎、チキンスープ、大麦。すべて投入して、フタをして弱火にし、ただ煮込む。圧力鍋でもよし（それなら20分ほど）。③塩・コショー（分量外）で味をととのえ、仕上げにパセリの葉を散らす。サワークリーム少々を入れても入れなくても。

ねじねじラザニア

東 直子（歌人、小説家）

　家で仕事をしていて、気付くと夕方。おかずの用意はおろか、お米も研いでいない。しかし、今すぐごはんにありつきたい食べ盛りの子どもたちが、うつろに口を開けて待っている。ピンチ。そんなとき、私はあわてず騒がず、パスタ類を保存している容器を手にする。あった、と微笑みながら取り出すのは、ねじねじの形のショートパスタ。このねじねじを、私は子育て中常備してピンチに備えていた。これを使えば、ありあわせのもので子ども好みの、お腹いっぱいになる一品が、あっという間に出来上がる。それを我が家では「ねじねじラザニア」と呼んでいた。ラザニア、と言うと、あの平たいパスタをミルフィーユのように重ねてオーブンで焼いた、時間も手間もかかりそうな一品だが、ねじねじラザニアは、パスタをゆでるための鍋一つと中華鍋一つで簡単に出来る。調理器具が少なくて済むのもポイントが高い。

　鍋に湯をわかして塩を入れ、パスタをゆでる。あとで具材とともに炒めることを考慮して、ややかために仕上げる。パスタをゆでている間に具材を用意。基本はミートソース風のもの。玉ねぎやにんじん、ピーマンなどの野菜をみじん切りにして中華鍋でよく炒め、次にひき肉を入れたら、塩、コショウし、刻んだトマト、又はトマト缶を入れて炒め煮にする。トマトケチャップとウスターソースで味をととのえ、ゆでたパスタを入れ、刻んだナチュラルチーズをたっぷり入れて溶かし、最後にオレガノなどのハーブをふりかけて出来上がり。着手からここまで約15分。かなり適当な料理だが、ねじねじパスタのフォルムが絶妙なおしゃれ感と食感をもたらしてくれる。子どもたちは、何度もこれをリクエストした。ホームパーティーに持参したこともある。翌日に持ち越してしまったら、グラタン皿に敷いてチーズをふりかけ、本来のラザニアに近い形で食べる。これもなかなか乙。ルックスもだいぶ変化するので、同じ物を続けて食べる感覚は薄い。

　もとはといえば、BS放送の外国の料理番組で偶然見た「フライパン一つでできるラザニア」だった。陽気な金髪美女が、「ほうら、とっても簡単でしょう、うふん」、という感じに紹介してくれたものを適当に再現しているのである。要するに「西洋焼きそば」だと思う。ツナや魚介類など、他の具材と炒め合わせて作ってもおいしいし、和風の味付けでもOK。あの子、見かけはねじれているけど、順応性はとっても高い、よい子です。

◎ねじねじラザニア　**材料**（4人分）　・ねじねじの形のショートパスタ（フジッリなど）…200g　・ひき肉…300g　・トマト…大1コ（またはトマト水煮缶1コ）　・にんじん…$\frac{1}{4}$本　・玉ねぎ…$\frac{1}{2}$コ　・ピーマン…1コ　・ナチュラルチーズ…100〜150g　・塩、オリーブ油、コショー、ケチャップ、ウスターソース、ドライハーブ…各適量　**作り方**　①鍋に湯を沸かして塩1つまみを入れ、パスタをややかためにゆでる。②トマトは湯むきして1cm角位に刻む。それ以外の野菜はみじん切り。③中華鍋にオリーブ油を中火で熱し、トマト以外の野菜を火が通るまで炒める。ひき肉を加えて色が変わるまで炒め、塩・コショー。弱火にしてトマトを加え、数分煮詰めたあと、ケチャップ、ウスターソースで味をととのえる。湯をきったパスタ、チーズを加え、ハーブを振りかけて出来上がり。

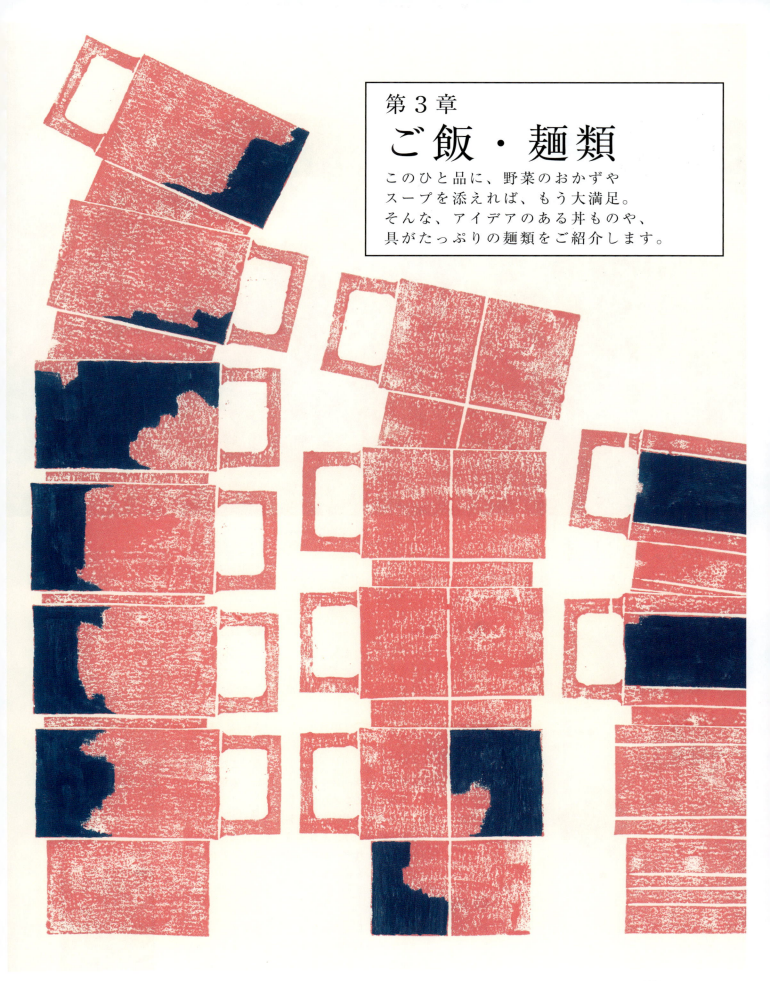

第3章
ご飯・麺類

このひと品に、野菜のおかずや
スープを添えれば、もう大満足。
そんな、アイデアのある丼ものや、
具がたっぷりの麺類をご紹介します。

ご飯・麺類　有元葉子さん

ねばねば丼

食欲のないときにもさらっといただける、ヘルシーな一杯。

材料（2人分）
◎主材料

● やまいも
　150g

● 刻みめかぶ（乾燥）
　15g
　（もどした状態で約150g）

● オクラ
　5本

◎その他の材料
・温かいご飯…適量
・米酢…少々
・しょう油…適量

❶ 下準備

やまいもは皮をむいておおまかに切り、ボールに入れた酢水に放します。オクラは洗って水に放します。めかぶはボールに入れ、熱湯を少量ずつ、全体に行き渡るまで加えてもどします。

❷ 野菜を刻む

やまいもの水気を拭き取り、フードプロセッサーに20～30秒かけてなめらかにします。オクラは水気をきらずに、フードプロセッサーに10～15秒かけ、みじん切りにします。または、それぞれおろし器と庖丁で下ごしらえしても結構です。

❸ 味つけ

めかぶのボールに、酢、しょう油少々を加えてよく混ぜます。別のボールにオクラ、しょう油少々を入れてよく混ぜます。

❹ 仕上げ

丼にご飯をよそい、やまいも、3のめかぶとオクラをそれぞれのせます。

〈こんなふうにも〉

さらに、玉子の黄味や納豆をのせてもよく合います。たんぱく質を加えることで、食べごたえと味わいのボリューム感が増し、栄養バランスもよくなります。

クイック＆おいしさの理由

めかぶとオクラは、調味料を加えてよく混ぜると粘りが出ます。やまいもには味つけをせずに、全体の味のバランスをとります。フードプロセッサーを活用すると、手早く作れます。

ご飯・麺類　有元葉子さん

パンチェッタときのこのパスタ

椎茸をたっぷり使うのがポイント。パンチェッタの代わりにベーコンでも。

材料（2人分）
◎主材料

● パンチェッタ
60g

● 椎茸
12枚

◎その他の材料
- スパゲティ…140〜160g
- にんにく…1片
- 唐辛子…1本
- 塩…適量
- オリーブ油…適量

15分

❶ 下準備
椎茸は石突きを落として4つに裂きます。パンチェッタは、ブロックなら5mm角の棒状に切り、うす切りなら幅5mmに切ります。にんにくはみじん切りにします。唐辛子は種を除いてみじん切りにします。

❷ スパゲティをゆでる
大きめの鍋に2ℓの湯を沸かし、塩大サジ1と1/3杯を加えて、スパゲティを表示よりも2分ほど短めにゆでます。

❸ 具材を炒める
ゆでている間に、フライパンにオリーブ油大サジ2杯をひき、にんにくを入れてから弱火にかけます。香りが立ったらパンチェッタを加え、中火にして炒めます。焼き色がついてきたら、唐辛子、椎茸を加え、火が通るまで炒め合わせます。途中でオリーブ油が足りなければ加えます。

❹ 仕上げ
スパゲティを鍋からトングで引き上げて、少量の湯をまとわせたまま3に加え、強火にしてさっと混ぜ合わせます。味をみて足りなければ塩でととのえます。

クイック&おいしさの理由
シンプルなオイル系パスタです。にんにくは焦がさないよう、必ず常温のオリーブ油から弱火で熱します。うま味の多い椎茸とパンチェッタを具材にし、パンチェッタを香ばしく炒めるのがポイント。

❸

ご飯・麺類　コウケンテツさん

シンプルカレー

フライパンひとつでできるカレー。甘酸っぱくて子どもにも大人気。

材料（2人分）
◎主材料

● 合いびき肉 250g

● 玉ねぎ 1コ

● トマトの水煮（ホール）1/2缶

◎その他の材料
・ターメリックライス…2人分
※米2合に、ターメリック小サジ1/3杯、サラダ油小サジ1杯を加えて、ふだん通りに炊きます。
・にんにく、しょうが…各1片
・サラダ油…大サジ1杯　・砂糖…小サジ2杯　・カレー粉…大サジ2杯　・塩…適量　・粗挽き黒コショー…少々
・水…カップ1/2杯

❶ 下準備
玉ねぎ、にんにく、しょうがはみじん切りにします。トマトの水煮はつぶします。

❷ 炒める
フライパンにサラダ油をひいて中火にかけ、玉ねぎ、にんにく、しょうが、砂糖を入れて炒めます。香りが立って色づいてきたら、合いびき肉を加えて炒めます。肉の色が変わったら、カレー粉、トマトの水煮を加えてなじむまで炒めます。

❸ 煮る
塩小サジ1/2杯、水を加え、トロミがつくまで混ぜながら5分ほど煮詰めます。塩・コショー少々で味をととのえ、器にターメリックライスとともによそいます。

20分

クイック＆おいしさの理由

おいしいカレーに欠かせない炒め玉ねぎ。炒めるときに砂糖を加えると、短時間で玉ねぎが色づきます。また、カラメル風味が加わり、コクが出ます。

❷

ご飯・麺類　コウケンテツさん

10分

かんたんビビンバ
柔らかい牛肉とシャキシャキしたレタスの歯触りが絶妙。

材料（2人分）
◎主材料

● 牛切り落とし肉
　150g

● レタス
　1/2玉

◎その他の材料
- 温かいご飯…茶碗2杯分
- 塩…小サジ1/3杯
- ごま油…大サジ1杯
- しょう油…大サジ1と1/2杯
- 白炒りごま…大サジ1杯
- 水…カップ1/2杯
- コチュジャン…適宜

❶ 下準備

レタスは芯を取り、食べやすい大きさにちぎります。

❷ 蒸し煮にする

フライパンに水、塩を入れて混ぜ、牛肉を広げて入れ、ごま油をまわしかけます。その上にレタスを広げてのせ、フタをして中火にかけ、沸いたら弱火で3〜4分蒸し煮にします。肉の色が変わったら、さっと混ぜてザルに上げ、汁気をきります。

❸ 仕上げ

2をボールに入れて、しょう油、ごまを加えて混ぜます。器に盛ったご飯にのせて、好みでコチュジャンを添えます。

クイック＆おいしさの理由

牛肉を蒸し煮にすると、炒めたり煮るよりも、ふっくらとジューシーに仕上がります。また、レタスも火を通すと、生とは違った歯触りが生まれます。

ご飯・麺類　脇 雅世さん

つけ蕎麦

かつおダシが香る、うす味のつけ汁です。大根やにんじんを加えても。

材料（2人分）
◎主材料

● 鶏もも肉 150g

● なす 2本

◎その他の材料
- 日本そば（乾麺）…160g
- 細ねぎ…3〜4本
- かつおぶし（粉ぶし）…大サジ2杯
- 水…カップ3と1/2杯

A
- しょう油…大サジ3杯
- みりん…大サジ2杯

❶ 下準備

鶏もも肉はひと口大に切り、さっとゆでてザルに上げます。なすはヘタを落としてタテ半分に切り、間に浅く切り込みを入れながら幅2cmに切って、水にさらします。細ねぎは小口切りにします。

❷ 鶏肉を煮る

かつおぶしは、不織布のキッチンペーパーまたはお茶パックで包みます。鍋に分量の水を入れて中火にかけ、煮立ったら、A、鶏肉、かつおぶしを加え、フタをして5分ほど煮ます。

❸ なすを加えて煮る

なすの水気をきって加え、さらに中火で5分ほど煮ます。かつおぶしの包みを取り出し、スプーンなどで煮汁をしぼり、汁だけを鍋に戻し入れます。

❹ 仕上げ

1〜3の間に、そばを表示通りにゆで、冷水に取って冷やし、器に盛ります。別の器に3を注ぎ、細ねぎを散らします。

クイック＆おいしさの理由

ダシがなくても、かつおぶしを加えて煮れば、うま味のあるつけ汁になります。もちろん、代わりにダシを使っても結構ですが、二番ダシで充分です。

ご飯・麺類　脇 雅世さん

サーモン丼

細切りにしたサーモンとレタスが、味も食感も相性抜群です。

材料（2人分）
◎主材料

- サーモン（刺身用のさく）120g
- 玉ねぎ 1/4コ
- レタス 2枚

◎その他の材料
A
- マヨネーズ…大サジ2杯
- おろしわさび…小サジ1杯
- しょう油…小サジ1/2杯
- 水…小サジ2杯
- 温かいご飯…300〜400g（約1合分）

❶ 下準備

サーモンは厚さ7mmに切ってから、幅7mmの棒状に切ります。ボールに入れ、しょう油少々（分量外）を加えて和えます。玉ねぎはセンイにそってうす切りにし、辛味を抑えたい場合は、水にさらして水気をきります。レタスは長さ5cm、幅7mmに切ります。

❷ ソースを作る

Aをよく混ぜ合わせます。

❸ 仕上げ

器にご飯をよそって2をかけ、レタス、サーモン、玉ねぎの順にのせます。

〈こんなふうにも〉
うすく切ったアボカドを加えると、さらにコクのあるおいしさになります。

クイック＆おいしさの理由

ソースは、マヨネーズにわさびとしょう油を効かせ、コクがありながら、さわやかなおいしさです。わさびは、好みで増やしてもよいでしょう。

❷

ご飯・麺類　川津幸子さん

じゃこごぼうの混ぜご飯

炒め煮して、根菜とじゃこの香ばしさ、食感を生かします。

材料（2人分）
◎主材料

- ちりめんじゃこ 30g
- ごぼう 80g
- にんじん（正味）30g

◎その他の材料
- 温かいご飯…米1.5合分
- サラダ油…小サジ1杯
- ごま油…小サジ1杯
- 白炒りごま…少々
- A　・日本酒…カップ1/4杯
　　・しょう油…大サジ1と1/2杯
　　・みりん…大サジ1杯
　　・砂糖…小サジ1杯

❶ 野菜の下準備
ごぼうは、タワシなどで皮をよく水洗いします。タテに十字の切り込みを入れ、回しながらピーラーで細切りにし、水に5分ほどさらして水気をきります。ピーラーがなければ、庖丁でささがきにします。にんじんは長さ3cmの短冊切りにします。

❷ 炒め煮する
フライパンにサラダ油をひいて中火にかけ、じゃこを軽く炒め、ごぼう、にんじんも加えてさっと炒めます。弱火にしてAを加え、味がしみて柔らかくなるまで5～6分煮て、汁気が少し残る位で火を止めます。途中で煮汁がなくなりそうになったら、水少々を足します。

❸ ご飯に混ぜる
ご飯をボールに入れ、2を煮汁ごと加えて混ぜ、ごま油を振ります。茶碗によそい、炒りごまを振ります。

クイック＆おいしさの理由
ごぼうは細切りにしますが、切り込みを入れてからピーラーで切ると簡単です。じゃこは炒めて香ばしさを引き立てます。

ご飯・麺類　川津幸子さん

中華風目玉焼き丼

こんなにシンプルなのに、ちゃんと中華の味わい。

材料（2人分）
◎主材料

- 玉子
  2コ
- 長ねぎ
  1/4本

◎その他の材料
- 温かいご飯…適量
- 香菜…少々
- ごま油…小サジ1杯
- サラダ油…大サジ3杯
- A ・しょう油…大サジ2杯
  ・酢、砂糖…各大サジ1杯

❶ 野菜の下準備
長ねぎはみじん切りにし、ごま油と和えます。香菜はざく切りにします。

❷ タレを作る
ボールにAを入れて混ぜます。

❸ 玉子を揚げ焼きする
中華鍋にサラダ油を強火で熱して玉子1コを入れ、スプーンで油を白味にかけながら、揚げるように焼きます。白味が固まり、フチがカリカリになったら、キッチンペーパーの上に取り出します。もう1コも同様に焼きます。
※フライパンを使ってもよいですが、油がはねるので注意してください。深さのある中華鍋や炒め鍋がおすすめです。

❹ 仕上げ
ご飯に目玉焼き、長ねぎ、香菜の順にのせ、2のタレをかけます。

10分

クイック＆おいしさの理由
玉子は、黄味に火が入り過ぎないように、強火で短時間、揚げ焼きします。基本的には目玉焼きをのせただけなのに、ごま油をからめた長ねぎと甘酢、香菜の風味で、中華風のおいしさに仕上がります。

❸

ご飯・麺類　ワタナベマキさん

⑤分

やまいも丼

火を使わずに作れます。明太子の塩気が味の決め手。

材料（2人分）
◎主材料

●やまいも
200g

●黄味
2コ

●明太子
1/2腹

◎その他の材料
- 温かいご飯…茶碗3杯分
- 酢…小サジ1/2杯
- 焼き海苔…適量
- しょう油…適量

❶ 下準備

やまいもは皮をむき、四つ割りにします。厚めのポリ袋に入れて酢を加え、すりこ木などで粗めにたたきます。明太子はうす皮を取り除き、ほぐします。

❷ 仕上げ

丼にご飯をよそい、やまいも、明太子、黄味をのせます。焼き海苔を手でちぎって散らし、しょう油をまわしかけます。

クイック＆おいしさの理由

やまいもは、すりおろすよりも、たたくほうが楽に仕上がり、シャキシャキとした食感も楽しめます。少し形が残る位につぶして、歯ごたえを出しましょう。

ご飯・麺類　ワタナベマキさん

煮込みうどん
煮汁が少なくなるまで煮込み、みそで味つけします。

材料（2人分）
◎主材料

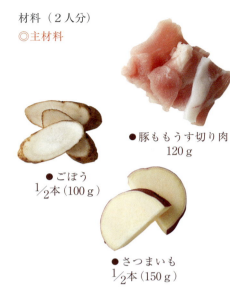

- ごぼう 1/2本（100g）
- 豚ももうす切り肉 120g
- さつまいも 1/2本（150g）

◎その他の材料
- ゆでうどん（あればきしめん）…2玉
- 細ねぎ…適量
- ごま油…小サジ1杯
- 塩…少々
- 日本酒…大サジ2杯
- みそ…大サジ3杯
- 七味唐辛子…適量
- 水…カップ2杯

❶ 下準備
ごぼうは庖丁の背で皮をこそげ取り、幅5mmの斜め切りにします。水に3分さらして水気をきります。豚肉は幅5cmに切ります。さつまいもは幅1.5cmの半月切りにします。細ねぎは小口切りにします。

❷ 炒める
鍋にごま油をひいて中火にかけ、ごぼうを香りが出るまでしっかりと炒めます。豚肉を加え、色が変わるまで炒め、塩を振ります。

❸ 煮る
日本酒、水を加え、ひと煮立ちさせてアクを取ります。さつまいもを加えて弱めの中火にし、フタをして8分ほど煮ます。みそを溶き入れ、うどんを加えて軽く混ぜながら3分ほど煮て、器に盛ります。細ねぎを散らし、七味唐辛子を振ります。

クイック＆おいしさの理由
ごぼうをごま油で炒めると、風味と香りが増し、ダシを入れなくても充分おいしくなります。きしめんは煮くずれしにくいので、煮込みに適しています。

20分

ご飯・麺類　上田淳子さん

鍋焼きうどん

ひとり用の土鍋で作り、そのまま食卓へ。ふうふうしながらいただきます。

材料（2人分）
◎主材料

- 鶏もも肉 80g
- 長ねぎ 1/2本
- 玉子 2コ

◎その他の材料
- ゆでうどん…2玉
- 三つ葉…6本
- 一味唐辛子…適宜
- A・ダシ…カップ3杯
  ・うす口しょう油…大サジ1と1/2杯
  ・みりん…大サジ1と1/2杯

❶ 下準備

鶏肉はひと口大に切り、長ねぎは斜め切りにします。土鍋2つに合わせたAを半量ずつ注ぎ、それぞれに鶏肉、長ねぎ、うどんを入れます。

❷ 煮る

1にフタをずらしてかけ、中火にかけて沸いたらアクを取り、弱火にして3分煮ます。玉子をのせ、半熟になったら火から下ろします。三つ葉を食べやすく切って散らし、好みで一味唐辛子を振ります。

クイック＆おいしさの理由

あつあつをいただけるひとり用土鍋。洗いものが少なくて済む気軽さもあります。

「お店のようなえび天入りでなくても、半熟の玉子が入っているだけで、充分幸せな気持ちになります」と上田さん。

ご飯・麺類　上田淳子さん

あんかけ焼きそば

香ばしく焼いた麺に、野菜たっぷりのあんをかけた家庭的な中華料理。

材料（2人分）
◎主材料

● 豚小間切れ肉
100g

● 白菜
300g

● 椎茸
2枚

◎その他の材料
・中華蒸し麺…2玉　・しょうが…小サジ1杯（みじん切り）　・塩、コショー…各適量　・片栗粉…大サジ1と1/2杯（大サジ3杯の水で溶く）　・ごま油…適量
A ・鶏ガラスープの素…小サジ2杯
　・水…カップ1と1/4杯

❶ 下準備
豚肉は食べやすく切り、塩・コショー少々を振ります。白菜はヨコに幅1.5cmに切り、椎茸は幅7mmに切ります。

❷ 麺に焼き目をつける
フッ素樹脂加工のフライパンにごま油大サジ1杯をひいて中火で熱し（鉄製の場合は油を多めに）、麺を入れます。箸で麺をほぐし、その後は触らずにじっくりと両面を香ばしく焼き、器に取ります。

❸ 具を炒めて蒸し煮にする
フライパンを中火にかけて熱し、ごま油大サジ1杯、しょうがを入れます。香りが立ったら豚肉を加えて白くなるまで炒め、白菜、椎茸、Aを加えてフタをし、5分蒸して塩・コショーで調味します。

❹ 仕上げ
火を止め、水溶き片栗粉を少しずつ加えます。再び中火にかけて混ぜ、トロミがついたら麺にかけます。

20分

クイック＆おいしさの理由
あんかけ焼きそばの麺といえば、サクサクとした揚げ麺ですが、家で作るのは大変。そこで麺を焼きつけ、香ばしさと食感を出したレシピです。具は何でもよく、冷蔵庫の整理にも役立つメニューです。

❷

ご飯・麺類　前沢リカさん

豚とニラの和え麺

しっかり食べたいときのピリ辛麺。ごま油が香ります。

材料（2人分）
◎主材料

● 豚小間切れ肉
100g

● ニラ
1/3束（30g）

◎その他の材料
- 中華麺…2玉
- ごま油…大サジ1杯
- 豆板醤…小サジ1〜2杯
- 塩…適宜

❶ 材料を切る
豚肉は食べやすい大きさに切ります。ニラは長さ1cmに切ります。

❷ ゆでる
鍋にたっぷりの湯を沸かし、中華麺を表示通りにゆでます。ゆで上がる1分ほど前に豚肉を加え、アクを取りながら一緒にゆでます。ゆで汁カップ1/2杯をボールに取り分けてから、麺と豚肉をザルに上げ、水気をきります。

❸ 仕上げ
麺を2つの器に取り分け、2で取り分けたゆで汁をまわしかけます。豚肉、ニラをのせ、ごま油をまわしかけます。豆板醤を添え、好みで塩を振って、和えながらいただきます。

〈こんなふうにも〉
豆板醤は、商品によって塩分や辛さが異なるので、味をみて加減してください。また、代わりにラー油を使うと違った風味を楽しめます。

10分

クイック＆おいしさの理由
ひとつの鍋に麺と豚肉を時間差で入れてゆでるので、調理時間が短縮でき、洗いものも少なくて済みます。中華麺の風味、豚肉のうま味を含んだゆで汁も、味つけのひとつです。

ご飯・麺類　前沢リカさん

15分

炒り豆腐の混ぜご飯

ごま油としょう油が香ばしい混ぜご飯。たんぱく質もとれてヘルシーです。

材料（2人分）
◎主材料

● 木綿豆腐 1/2丁

● ちりめんじゃこ 大サジ2杯

● 細ねぎ 2本

◎その他の材料
- 温かいご飯…300g
- ごま油…小サジ2杯
- しょう油…小サジ2杯

❶ 細ねぎを切る
細ねぎを小口切りにします。

❷ 豆腐を焼く
フライパンに、豆腐を手で大きめにくずして並べ入れ、中火にかけてカラ炒りします。途中、豆腐から出てくる水気をキッチンペーパーでこまめに拭き取りながら炒ります。

❸ 調味する
豆腐から水気がほとんど出てこなくなったら、ごま油を加えます。全体がきつね色に焼けたら、しょう油をまわしかけて火を止めます。

❹ 仕上げ
ボールにご飯、3、ちりめんじゃこ、細ねぎを入れ、豆腐を少しくずしながら、全体をざっと混ぜます。

〈こんなふうにも〉
ちりめんじゃこや青ねぎのほか、揉み海苔を入れてもよく合います。

クイック＆おいしさの理由

豆腐をあまり動かさず、水気を拭き取りながら火を入れることで、こんがりと焼き上がります。返すうちにくずれて小さくなるので、最初に手でくずすときは大きめに。6等分位がめやすです。

❷

ご飯・麺類　大庭英子さん

みそチャーハン

香ばしく炒めたみそ味に、唐辛子の辛味がアクセント。

材料（2人分）
◎主材料

- 豚ひき肉 150g

- キャベツ 150g

◎その他の材料
- 温かいご飯…350g（約1合分）
- 唐辛子…2本
- サラダ油…適量
- みそ…大サジ2杯
- 日本酒…大サジ1/2杯

❶ 材料を切る

キャベツは2cm角に切ります。唐辛子はヘタを落として種を除き、幅5mmの輪切りにします。

❷ キャベツを炒める

フライパンにサラダ油大サジ1杯をひいて強めの中火にかけ、キャベツを少ししんなりするまで炒めて、取り出します。

❸ ひき肉を炒める

同じフライパンにサラダ油大サジ1/2杯を足して中火にかけ、ひき肉を入れてほぐすようにして炒めます。ポロポロになるまでよく炒めたら、唐辛子、みそを加えて炒め合わせます。

❹ ご飯を加えて炒める

ご飯を加えてほぐすように炒めます。日本酒を振り、キャベツを戻し入れて炒め合わせ、器に盛ります。

10分

クイック&おいしさの理由

炒めたひき肉にみそを加えて味をつけておくと、その後に加えるご飯にも、まんべんなくみそ味がからみやすくなり、味にムラができません。

ご飯・麺類　大庭英子さん

鶏の照り焼き丼

ふっくらジューシーな鶏肉。しょうがの風味が食欲をそそります。

材料（2人分）
◎主材料

●鶏もも肉 大1枚

●水菜 50g

◎その他の材料
- 温かいご飯…350〜400g ・しょうが…小サジ1杯（おろす） ・塩…少々
- サラダ油…少々 ・日本酒…大サジ2杯 ・みりん…大サジ2杯 ・砂糖…大サジ1/2杯 ・しょう油…大サジ3杯

❶ 下準備
鶏肉は皮面を下にしてヨコ長に置き、スジを切るように、全体にタテに5本ほど浅い切り込みを入れ、塩を振ります。水菜は長さ3cmに切り、冷水にさらしてパリッとさせて、サラダスピナーなどで水気をきります。

❷ 鶏肉を焼く
フライパンにサラダ油をひき、鶏肉を皮面を下にして入れます。小さめの平らな鍋ブタを鶏肉にのせて軽く押さえつけ、弱めの中火にかけて、焼き色がつくまで6〜7分焼きます。裏返して弱火にし、フタをせずに5〜6分焼きます。

❸ 味つけする
日本酒を振り、みりん、砂糖、しょう油、おろししょうがを加えます。フライパンをゆすり、スプーンでタレを鶏肉にかけながら煮詰め、よくからめて火を止めます。鶏肉を取り出してヨコ半分に切り、タテに幅1〜2cmに切ります。

❹ 仕上げ
ご飯と水菜を混ぜ、丼によそいます。3をのせてタレをかけ、好みでおろししょうが（分量外）を添えます。

クイック＆おいしさの理由
鶏肉に切り込みを入れてスジを切ると、火の通りが早くなります。皮面から焼くと脂が出るので、少しの油でパリッと焼けます。鍋ブタで押さえると焼き色がきれいにつき、短時間で火が通ります。

ご飯・麺類　冷水希三子さん

春菊としらすのパスタ

生の春菊とスパゲティを和えて仕上げ、青味を残したフレッシュな味わいに。

材料（2人分）
◎主材料

● 春菊
60g

● しらす
50g

◎その他の材料
- スパゲティ…160g
- 塩…大サジ1杯弱
- エキストラバージンオリーブ油
  …大サジ4杯
- パルミジャーノ・レッジャーノ…適量
- すだち…適宜

❶ スパゲティをゆでる

鍋に湯2ℓを沸かして塩を入れ、スパゲティを表示通りにゆでます。
※塩は、湯の重量の1％より少なめがめやす。湯が2ℓ（約2000g）なら、塩は16g位です。

❷ 下準備

大きめのボールにしらすを入れます。春菊はみじん切りにし、しらすの上にのせ、オリーブ油をまわしかけます。別のボールにパルミジャーノ・レッジャーノをすりおろします。

❸ 和える

スパゲティをトングで引き上げて2のしらすのボールに入れ、ゆで汁大サジ1杯位を加えて、よく和えます。器に盛り、2のパルミジャーノ・レッジャーノをかけ、好みですだちをしぼります。
※ボールをゆで汁の残った鍋の上にのせて和えると、冷めにくくなります。

クイック＆おいしさの理由

春菊は生の状態で、ゆで上げたスパゲティと和え、その熱で少ししんなりとさせてなじませます。ほどよく熱を通すことで、春菊独特の青味を残した風味を楽しめます。

ご飯・麺類　冷水希三子さん

ワカメとトマトのポキ丼風

本来は魚介を使うハワイアンフードを、野菜とワカメだけでさっぱりと。

材料（2人分）
◎主材料

● ワカメ（塩蔵）
　10g
● トマト
　1コ

◎その他の材料
・温かいご飯…適量
・赤玉ねぎ…少々
A・にんにく…1/2片
　・しょう油…大サジ1杯
　・ごま油…大サジ1杯
　・酢…小サジ1/2杯

❶ 下準備
ワカメは水に5分ほど浸してもどします。鍋に湯を沸かし、ワカメをさっと湯通しして冷水に取り、水気をよくしぼって食べやすく切ります。トマトはひと口大の乱切りにします。赤玉ねぎはセンイにそってうす切りにします。にんにくはうす切りにします。

❷ 仕上げ
ボールにAを混ぜ合わせ、ワカメ、トマト、赤玉ねぎを加えて和えます。器によそったご飯の上にのせます。

〈こんなふうにも〉
さらに、マグロの赤身などを加えるのもおすすめ。また、にんにくじょう油を常備していれば（73頁参照）、それにごま油、酢を加えて、いっそうまろやかなタレができます。

クイック＆おいしさの理由
トマトとしょう油のうま味が合わさり、野菜とワカメだけでも、満足感のあるひと品になります。にんにくを加えたしょう油ダレは、風味とコクが豊かです。

ご飯・麺類　堤 人美さん

セロリ入りカニ玉丼

セロリの食感と香りが生きたカニ玉に、濃厚なケチャップダレをかけて。

材料（2人分）
◎主材料

- セロリ 1/2本
- 玉子 3コ
- カニ（ほぐし身） 60g

◎その他の材料
- 温かいご飯…茶碗2杯強
- 塩…小サジ1/4杯
- コショー…適量
- サラダ油…大サジ1杯
- A・しょうが…1/2片（すりおろし）
  ・ケチャップ…大サジ3杯
  ・ごま油…小サジ1杯

❶ 下準備

セロリは、茎は斜めうす切りにし、葉はざく切りにします。ボールに玉子を割り入れ、菜箸でタテに切るようにして20回ほど混ぜます。カニ、セロリの葉、塩・コショーを加えて、さっと混ぜます。器2つにご飯をよそいます。

❷ カニ玉を焼く

フライパンにサラダ油を中火で熱し、セロリの茎を透き通ってくるまで1分半ほど炒めます。強火にし、1の玉子液を一気に流し入れます。木ベラなどで大きく2、3度混ぜ合わせ、半熟になったら火を止めます。ご飯の上にのせます。

❸ ケチャップダレを作る

フライパンをキッチンペーパーで拭きます。Aを入れて中火にかけ、ケチャップが色濃くなるまで30秒ほど炒めたら、2のカニ玉の上にかけます。

クイック＆おいしさの理由

しょうがとごま油を加えたケチャップダレは、色が濃くなるまでしっかり炒めると、濃厚なおいしさに。うす味で仕上げたカニ玉にかけると、味にコントラストがつき、おいしく味わえます。

ご飯・麺類　堤 人美さん

大根と豚肉の和風カレー

かつお風味が効いた、さらりとしたカレー。うどんやそばにかけても。

材料（3〜4人分）
◎主材料

- 大根 200ｇ（約1/6本）
- 豚小間切れ肉 200ｇ
- 玉ねぎ 1/2コ

◎その他の材料
- 温かいご飯…適量
- ごま油…大サジ1杯
- 日本酒…大サジ2杯
- カレールウ…3片（約60ｇ）
- しょう油…大サジ1杯
- かつおぶし…10ｇ　・水…カップ3杯
- 福神漬け…適宜

❶ 下準備
大根は皮をむき、タテ4等分にしてから、スライサーなどでごくうすいイチョウ切りにします。玉ねぎはセンイにそって、同様にごくうす切りにします。豚肉は軽く塩・コショー（分量外）します。

❷ 炒めて煮る
フライパンにごま油を中火で熱し、豚肉を2分ほど炒め、次に玉ねぎを加えて1分ほど炒めます。水、日本酒、大根を加え、煮立ってから3分ほど煮ます。

❸ 仕上げ
いったん火を止めてルウを割り入れ、混ぜて溶かします。中火にかけ、しょう油、かつおぶしを加えて混ぜ、ひと煮立ちしたら火を止めます。器によそったご飯にかけ、好みで福神漬けを添えます。

〈こんなふうにも〉
かつおぶしと同じタイミングで、しょうがのすりおろしを加えると、スパイシーなおいしさに。

20分

クイック＆おいしさの理由

かつおぶしを直接加えて、しっかりとうま味の効いた、おそば屋さん風のカレーに仕上げます。煮込まずに、大根はシャキッとした食感を残し、カレーソースはさらりとした仕上がりに。

ご飯・麺類　堤 人美さん

20分

ブロッコリーとアンチョビの煮込みパスタ

具材とショートパスタを、ひとつの鍋で煮込んで作れます。

材料（2人分）
◎主材料

- ●ブロッコリー 150g
- ●玉ねぎ 1/4コ
- ●アンチョビ（フィレ）4枚

◎その他の材料
- フジッリ（ゆで時間9分）…120g
- にんにく…1片
- オリーブ油、コショー…各適量

A
- 塩…小サジ1杯弱
- 水…カップ1と1/2杯

❶ 野菜を切る

ブロッコリーは小房に切り分け、さらに小さめのひと口大に切ります。玉ねぎはセンイにそってうす切りにします。にんにくはみじん切りにします。

❷ 炒める

厚手の鍋にオリーブ油大サジ1杯をひき、弱火にかけます。アンチョビを木ベラでつぶしながら炒め、細かくなったらにんにくを加えて、香りが立つまで炒めます。続けてブロッコリーを加えて中火にし、2分ほど炒めます。

❸ 煮込む

フジッリを加えてひと混ぜし、玉ねぎを上に広げてのせ、Aを加えます。フタをして弱めの中火にし、途中で1、2度混ぜながら、12分ほど煮込みます。混ぜるとき、木ベラでブロッコリーを少しつぶすようにします。

❹ 仕上げ

フタを取り、オリーブ油大サジ1杯をまわしかけ、コショーを振ります。強火にして1〜2分煮からめ、水分がなくなったら出来上がりです。

クイック＆おいしさの理由

パスタはゆでずに野菜とともに蒸し煮にすることで、野菜のうま味が移り、一体感のあるおいしさになります。鍋ひとつで作れて、洗いものが少ないのもうれしい点です。

130

主材料別さくいん

◎メインおかず

主材料	料理名	料理家	掲載頁
〈肉のおかず〉			
・合いびき肉　・セロリ	セロリ入り揚げ焼き餃子	上田淳子さん	53
・牛赤身ひき肉　・粒マスタード	ステークアッシェ	上田淳子さん	51
・牛うす切り肉　・レタス　・玉ねぎ	BBQビーフのレタス包み	川津幸子さん	38
・牛切り落とし肉　・青じそ	牛肉のしそバター炒め	有元葉子さん	9
・牛切り落とし肉　・白滝　・玉ねぎ	牛肉と白滝の炒め煮	前沢リカさん	57
・牛切り落とし肉　・玉ねぎ　・ごぼう	プルコギ	コウケンテツさん	15
・牛小間切れ肉　・にんじん　・春雨	チャプチェ	ワタナベマキさん	45
・牛ステーキ肉　・椎茸	牛肉と椎茸のステーキ	冷水希三子さん	69
・鶏手羽先　・しめじ	鶏手羽先の香味レンジ蒸し	脇雅世さん	24
・鶏手羽先　・しめじ　・椎茸	手羽先ときのこのグリル	コウケンテツさん	17
・鶏手羽中　・れんこん	鶏手羽とれんこんの重ね煮	ワタナベマキさん	42
・鶏むね肉　・玉ねぎ　・プレーンヨーグルト	タンドリーチキン	ワタナベマキさん	44
・鶏もも肉	鶏のしょう油煮	川津幸子さん	39
・鶏もも肉　・エリンギ　・牛乳	鶏肉とエリンギのクリーム煮	大庭英子さん	67
・鶏もも肉　・カリフラワー　・じゃがいも	鶏とカリフラワーの蒸し煮	冷水希三子さん	70
・鶏もも肉　・小松菜	チキンソテー	上田淳子さん	50
・鶏もも肉　・にんじん	鶏肉とにんじんのマリネ蒸し	コウケンテツさん	16
・鶏もも肉　・にんじん　・れんこん	炒り鶏	大庭英子さん	64
・豚肩ロース厚切り肉　・クレソン	肉のシンプル焼き	有元葉子さん	10
・豚肩ロースうす切り肉	豚肉のガーリックレモン炒め	川津幸子さん	37
・豚肩ロースブロック肉　・ごぼう	ごぼうと肉の素揚げ	有元葉子さん	11
・豚肩ロースブロック肉　・りんご	豚肉とりんごの甘酢炒め	前沢リカさん	58
・豚小間切れ肉　・水菜　・ベビーリーフ	焼き肉サラダ	脇雅世さん	22
・豚バラうす切り肉　・キャベツ　・緑豆春雨	豚春雨蒸し	コウケンテツさん	18
・豚ひき肉　・トマトの水煮	プチソーセージのトマトソース	上田淳子さん	54
・豚ひき肉　・もやし	ひき肉ともやしのカレー炒め	大庭英子さん	62
・豚ももうす切り肉　・長いも	長いもの肉巻き照り焼き	大庭英子さん	66
・豚ももうす切り肉　・わけぎ　・ピザ用チーズ	豚肉とわけぎのピザ風	大庭英子さん	63
・豚ロース厚切り肉　・じゃがいも	ポークソテー ケチャップソース	脇雅世さん	23
・豚ロースうす切り肉　・長ねぎ	豚ロースの挟み焼き	川津幸子さん	36
〈魚介のおかず〉			
・アジ　・ミニトマト　・レタス	アジのカレーソテー	有元葉子さん	12
・イワシ	イワシの塩炒り	川津幸子さん	41
・サーモン	ごま漬けサーモン	川津幸子さん	40
・鮭　・ミニトマト	鮭の片面焼き	脇雅世さん	26
・サバ　・椎茸　・ニラ	焼きサバのニラダレがけ	堤人美さん	31
・塩サバ　・玉ねぎ　・ミニトマト	塩サバマリネのオーブン焼き	ワタナベマキさん	46
・タラ　・しょうが	魚のしょうが蒸し	コウケンテツさん	18
・ブリ　・大根　・小松菜	塩ブリの大根鍋	脇雅世さん	27
・ブリ　・ほうれん草	ブリのバルサミコ照り焼き	冷水希三子さん	68
・メカジキ	メカジキのスパイス焼き	前沢リカさん	55

〈野菜のおかず〉

主材料	料理名	料理家	掲載頁
• 里いも　• プロセスチーズ	里いもとチーズの揚げもの	上田淳子さん	52
• じゃがいも　• 鶏もも肉	じゃがいもと鶏肉のみそ照り煮	堤人美さん	30
• 大根　• 鶏手羽先	大根と手羽先の炒め煮	有元葉子さん	8
• 長いも　• 牛切り落とし肉　• 長ねぎ	牛肉と長いもの塩とろみ炒め	堤人美さん	32
• 白菜　• 春雨　• 豚ひき肉	麻婆白菜	前沢リカさん	56
• 白菜　• 豚バラうす切り肉　• 長ねぎ	白菜と豚肉の重ね煮	ワタナベマキさん	42
• パセリ　• 竹輪　• 玉ねぎ	パセリと竹輪のかき揚げ	堤人美さん	33
• れんこん　• 豚バラうす切り肉　• 青じそ	れんこんと豚肉の梅昆布風味	堤人美さん	29

〈玉子のおかず〉

主材料	料理名	料理家	掲載頁
• 玉子　• 小町麩　• 長ねぎ	お麩とねぎの玉子とじ	前沢リカさん	59
• 玉子　• トマト　• むきエビ	トマトとエビの玉子炒め	冷水希三子さん	71
• 玉子　• 鶏ももひき肉　• ほうれん草	ボリューム玉子焼き	ワタナベマキさん	47
• 玉子　• ワカメ	ワカメと玉子炒め	有元葉子さん	13

〈スープ・汁もの〉

主材料	料理名	料理家	掲載頁
• 豚バラうす切り肉　• 白菜キムチ　• 豆乳	豆乳チゲ	コウケンテツさん	14
• 豚ロースうす切り肉　• 白菜　• 豆乳	白菜と豚肉の豆乳鍋	大庭英子さん	65

〈豆・豆腐・その他のおかず〉

主材料	料理名	料理家	掲載頁
• 厚揚げ　• 豚ひき肉　• トマト	トマト入り厚揚げ麻婆	堤人美さん	28
• 絹ごし豆腐　• 鶏ひき肉　• ごぼう	豆腐とごぼうのがんも風	脇雅世さん	25
• 豆腐　• 鶏ひき肉	豆腐のそぼろあんとじ	冷水希三子さん	72

◎ サブおかず

主材料	料理名	料理家	掲載頁

〈野菜のおかず〉

主材料	料理名	料理家	掲載頁
• アボカド　• ツナ　• 紫玉ねぎ	アボカドとツナのカレーマヨネーズ	川津幸子さん	86
• オクラ	オクラのマヨネーズ焼き	大庭英子さん	102
• かぶ　• カリフラワー	冬のピクルス	コウケンテツさん	81
• かぶ　• れんこん　• じゃがいも	根菜のオイル焼き	有元葉子さん	76
• かぼちゃ	かぼちゃのバルサミコ焼き	前沢リカさん	92
• キャベツ	キャベツのオイル蒸し	大庭英子さん	102
• キャベツ	キャベツのクミンソテー	冷水希三子さん	98
• きゅうり　• セロリ　• 玉ねぎ	梅みそサラダ	前沢リカさん	92
• きゅうり　• 玉ねぎ	きゅうりのアグロドルチェ	冷水希三子さん	98
• ごぼう	太めごぼうのきんぴら	上田淳子さん	97
• ごぼう　• 糸三つ葉	ごぼうのごま酢和え	川津幸子さん	87
• 小松菜　• 焼き海苔	海苔サラダ	有元葉子さん	78
• じゃがいも　• ピーマン	じゃがいもとピーマンのクミン炒め	前沢リカさん	93
• 大根　• 鶏ささ身	塩揉み大根とささ身のサラダ	ワタナベマキさん	89
• 玉ねぎ　• 椎茸　• 長いも	蒸しサラダ	脇雅世さん	84
• 長いも	長いもそうめん	川津幸子さん	87
• ブロッコリー	焼きブロッコリー	大庭英子さん	100
• ブロッコリー　• 大豆　• 玉ねぎ	ブロッコリーと大豆のマスタードサラダ	ワタナベマキさん	88
• ほうれん草　• 小松菜	青菜たっぷりの中華風	有元葉子さん	77
• 豆もやし	豆もやしのナムル風	脇雅世さん	83

主材料	料理名	料理家	掲載頁
• 芽ひじき　• ミニトマト	ひじきとトマト炒め	堤人美さん	95
• レタス　• 玉ねぎ　• ミニトマト	炒めサラダ	脇雅世さん	83
• れんこん	れんこんのハチミツしょう油煮	コウケンテツさん	79
• わけぎ	焼きわけぎのおかかじょう油和え	大庭英子さん	101

〈魚介のおかず〉

主材料	料理名	料理家	掲載頁
• イカ　• せり　• 長ねぎ	イカとせりのねぎダレ和え	冷水希三子さん	99
• カンパチ　• 長ねぎ　• セロリ	刺身サラダ	有元葉子さん	78

〈玉子のおかず〉

主材料	料理名	料理家	掲載頁
• 玉子	茶碗蒸し しょうがあんかけ	上田淳子さん	96

〈豆・豆腐・その他のおかず〉

主材料	料理名	料理家	掲載頁
• 絹ごし豆腐　• トマト　• クレソン	豆腐ステーキ	脇雅世さん	82
• 豆腐　• 豚ひき肉	麻婆豆腐風冷奴	川津幸子さん	85
• 木綿豆腐　• なす　• 香菜	蒸しなす豆腐	前沢リカさん	91
• こんにゃく　• かつおぶし	こんにゃくのおかか煮	上田淳子さん	97

〈スープ・汁もの〉

主材料	料理名	料理家	掲載頁
• サラダほうれん草　• じゃがいも　• 玉ねぎ	ほうれん草のポタージュ	ワタナベマキさん	90
• 豆乳　• じゃがいも　• 玉ねぎ	豆乳とじゃがいものポタージュ	堤人美さん	94
• 鶏ひき肉　• ワンタンの皮	ワンタンスープ	堤人美さん	95
• 豆もやし	豆もやしスープ	コウケンテツさん	80
• ワカメ	ワカメスープ	コウケンテツさん	81

◎ ご飯・麺類

主材料	料理名	料理家	掲載頁
• 合いびき肉　• 玉ねぎ　• トマトの水煮	シンプルカレー	コウケンテツさん	112
• 牛切り落とし肉　• レタス	かんたんビビンバ	コウケンテツさん	113
• サーモン　• 玉ねぎ　• レタス	サーモン丼	脇雅世さん	115
• 春菊　• しらす	春菊としらすのパスタ	冷水希三子さん	126
• 大根　• 豚小間切れ肉　• 玉ねぎ	大根と豚肉の和風カレー	堤人美さん	129
• 玉子　• セロリ　• カニ	セロリ入りカニ玉丼	堤人美さん	128
• 玉子　• 長ねぎ	中華風目玉焼き丼	川津幸子さん	117
• ちりめんじゃこ　• ごぼう　• にんじん	じゃこごぼうの混ぜご飯	川津幸子さん	116
• 鶏もも肉　• 長ねぎ　• 玉子	鍋焼きうどん	上田淳子さん	120
• 鶏もも肉　• なす	つけ蕎麦	脇雅世さん	114
• 鶏もも肉　• 水菜	鶏の照り焼き丼	大庭英子さん	125
• パンチェッタ　• 椎茸	パンチェッタときのこのパスタ	有元葉子さん	111
• 豚小間切れ肉　• ニラ	豚とニラの和え麺	前沢リカさん	122
• 豚小間切れ肉　• 白菜　• 椎茸	あんかけ焼きそば	上田淳子さん	121
• 豚ひき肉　• キャベツ	みそチャーハン	大庭英子さん	124
• 豚ももうす切り肉　• ごぼう　• さつまいも	煮込みうどん	ワタナベマキさん	119
• ブロッコリー　• 玉ねぎ　• アンチョビ	ブロッコリーとアンチョビの煮込みパスタ	堤人美さん	130
• 木綿豆腐　• ちりめんじゃこ　• 細ねぎ	炒り豆腐の混ぜご飯	前沢リカさん	123
• やまいも　• 刻みめかぶ　• オクラ	ねばねば丼	有元葉子さん	110
• やまいも　• 玉子　• 明太子	やまいも丼	ワタナベマキさん	118
• ワカメ　• トマト	ワカメとトマトのポキ丼風	冷水希三子さん	127

編集者の手帖

1967年の『暮しの手帖』第1世紀91号に「15分待ってね QUICK COOK BOOK」という料理頁があります。共働き家庭が増えてきた当時、忙しい女性が手早くおいしいものを作れるように、という企画でした。その頁の書き出しはこうです。

「いくら忙がしい、時間がないといったって、百貨店や市場で、既製品のおかずを買ってくるのは、やっぱりわびしいし、インスタント食品は、なおさらやりきれない……」

いまも同じですね。早く簡単に、でも手抜きではなく、おいしさを最優先。そんな工夫あるレシピをたくさん教えていただきました。（U）

一日働いて疲れて帰る道すがら考えるのは、「冷蔵庫にあるもので、パッとできる料理は何だろう」ということ。前沢リカさんに教えていただいたのは、そんなときに助かるものばかりです。

おいしくてシンプルで、一度レシピを読めば、すっと頭に入ってしまう。その味は折り紙つきで、編集部での試作が待ちきれず、撮影後すぐに自宅で作ってしまったほどです。食べた人から「意外な味わい」「何が入っているの？」と感想をもらえたのもうれしいところ。簡単だからって、予想できる味ばかりでは、つまらないですものね。どうかみなさまのお役に立ちますように。（S）

「本当に何もしたくないときに作るものを教えてください」。そんなリクエストに、先生方は「こんなに簡単でいいのかしら」と言いつつ、くり返し作っている、とっておきのレシピを教えてくださいました。みなさまの料理への負担が少しでも減り、楽しみへと変わるよう願っております。

また、『暮しの手帖』本誌85号では、有元葉子さんと、スタイリストの高橋みどりさんに、クイックレシピについて対談していただきました。忙しい毎日のなかで料理をされているおふたりの本音や、無理なく自然と料理をしたくなる工夫などをお話いただき、目からうろこが落ちました。併

せてご覧いただけるとうれしいです。（H）

「家族みんなが喜ぶ外食を見つけるのは大変だから」と笑いながら、1年のうち360日は食事を作っていると教えてくれた上田淳子さん。かつては張り切って凝った料理を作り、疲れてしまうこともあったそう。「そういう料理は、子どもたちの食も進まなくて。自分の負担を減らさないと、家族が喜ぶ食卓にはならないと気づきました」。具材や手間を省くときは少し立ち止まり、「食べる幸せを感じるメニューになるかどうか」を考える上田さん。カリカリのチキンソテーと、くったりと煮た小松菜を盛り合わせたひと皿をはじめ、おおらかなメニューがそろいました。（T）

料理には「理」という文字が入っていますが、おいしさには必ず「理由」があります。材料の組み合わせ、切り方、火の通し方……。取材をしていると、「ああ、そうか！」と胸に落ちる理由がたくさん。ただレシピ通りではなく、そうしたポイントを実感して、小さな喜びを感じながら料理できたら、どんなに楽しいだろう。この本は、そんな思いを込めて作りました。

庖丁を初めて握る方にも、きっと役立つレシピ集です。どの料理も、私たち編集部員が試作・検証しておりますので、ご質問がありましたら、お気軽にお寄せくださいませ。（K）

暮らしのかなめは、時間づかいです。手を抜かず、しかしす早く、かつ美味に。なんてエラそうに語る私自身の終生の課題が（料理によらず）それなのです。お金もうけより「時間もうけ」のほうがよりむずかしいと感じます（いやお金もないのですけれど）。すいすいほいほい軽やかに、短時間で仕事・家事をこなせる能力よ、私に来たれ。

当誌は編集現場から生まれた企画です。「これが10分で？」。次々即座に現れた全114皿、部員たちの試作に舌鼓をうちながら、10人のプロの創造力に改めて感動しました。（YS）

挿画　花森安治

暮しの手帖のクイックレシピ

二〇一八年四月二十四日　初版第一刷発行

著　者　暮しの手帖編集部

発行者　阪東宗文

発行所　暮しの手帖社　東京都新宿区北新宿一ノ三五ノ二〇

電　話　〇三－五三三八－六〇一一

印刷所　凸版印刷株式会社

落丁・乱丁がありましたらお取り替えいたします　定価はカバーに表示してあります

ISBN 978-4-7660-0207-2　C2077　©2018 Kurashi No Techosha Printed in Japan

この本は2016年12月5日に刊行した、
別冊『暮しの手帖のクイックレシピ』を書籍化したものです。

好評発売中　暮しの手帖社の料理書籍

『子どもに食べさせたいおやつ』の
続編。「おかあさんの輪」による
待望のごはんの本

『子どもに食べさせたい
すこやかごはん』

おかあさんの輪　著

本体価格　1,800円（税別）　ISBN 978-4-7660-0205-8

子どもが安心して食べられる
手作りおやつ89種を集めた
おやつレシピ集のロングセラー

『子どもに
食べさせたいおやつ』

おかあさんの輪　著

本体価格　1,500円（税別）　ISBN 978-4-7660-0152-5

ミシュラン三つ星を獲得した
日本料理の名店「かんだ」主人による
家庭料理の新決定版

『神田裕行の
おそうざい十二カ月』

神田裕行　著

本体価格　2,200円（税別）　ISBN 978-4-7660-0203-4